가장 유능한 사람은
가장 배움에 힘쓰는 사람이다

진짜 공신들만 보는
미리 소논문

김범수 지음

더디퍼런스

차 례

머리말

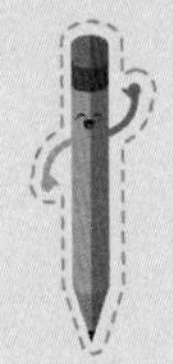

대학 입시에 관심이 많은 학부모라면 소논문이라는 단어가 낯설지 않을 것이다. 명문 대학 합격에 핵심적인 역할을 하는 아이템 중 하나로 강조되기 때문이다.

《진짜 공신들만 보는 대표 소논문》 출간 이후 '초등학생 중학생 대상 소논문을 다룬 책은 언제 출간되느냐'라는 문의가 적지 않았다. 그때마다 '고등학생조차 쉽지 않은 소논문인데 초등학생 중학생이 소논문을 쓸 수 있을까? 만약 가능하더라도, 과연 그럴 만한 가치가 있을까?'라는 고민과 갈등이 많았다.

내 책으로 인해 또 다른 형태의 불필요한 사교육이 등장하지 않을까 하는 우려에서였다. 하지만 누군가에게 필요한 책일 수 있다는 생각에《진짜 공신들만 보는 미리 소논문》을 세상에 내놓는다.

'미리 소논문'이라는 제목 때문에 오해하지 않으면 좋겠다. 이 책은 일종의 브리지라고 할 수 있다. '미리 소논문'을 토대로 논리적 사고력과 문장력 등 소논문에 필요한 기본기를 닦은 후, 고등학생이 되었을 때 남들보다 좀 더 수월하고 거부감 없이 소논문을 쓸 수 있게 되길 바라기에 내놓은 책이다. 소논문 작성에 필요한 '논리적 사고력' '문장력'을 길러주기 위한 방법과 소논문 작성에 필요한 기본적인 글쓰기 레이아웃을 연습할 수 있도록 구성한 것도 이 같은 이유에서이다.

이 책의 주된 독자가 초등학생과 중학생 그리고 해당 학년 자녀를

둔 학부모라는 사실을 감안해, 애니메이션 주인공으로 친숙한 스폰지밥과 뚱이를 등장시켰다. 책 주제와는 거리가 먼 인물이라 적지 않은 궁금증을 불러올 것이다. 대개 애니메이션은 논리적 사고력과 문장력의 반대에 있다고 생각하기 때문이다.

필자는 논리적인 사고력은 독서를 통해서도 길러지지만, 자신이 좋아하는 특정 아이템(예컨대 애니메이션, 게임 등)을 통해서도 충분히 가능하다고 본다. 실제 본문을 읽다 보면 생활 속 다양한 활동이 논리적 사고력을 키우는 데 큰 역할을 할 수 있다는 것을 알게 될 것이다.

필자는 영화와 애니메이션을 보면서 항상 '왜?' '어떻게?'라는 질문이 생겼다. 누군가는 아무 생각 없이 시간을 때우기 위해 보는 아이템이 누군가에게는 그 이상의 목적으로 활용될 수 있는 것이다.

필자의 교육철학은 '가장 자연스러운 것이 가장 효과적'이다. 여기서 '자연스럽다'는 의미는 단순히 '강요하지 않는다'는 의미일 뿐 아니라 '일상생활 속'이라는 의미도 포함되어 있다. 일상생활을 통해 접하는 정보는 자연스레 학업으로 연결될 수 있기 때문이다.

예를 들어보겠다. 필자는 duplicate라는 단어를 아파트 열쇠를 보면서 자연스레 외우게 됐다. 열쇠 몸통에 'Do not duplicate'라는 영어 문장이 새겨져 있었기 때문이다. 'duplicate가 뭘까?' 하고 궁금해서 찾아보니 '복사하다' '사본을 만들다'라는 뜻이었다. 생활 속 체험을 통해 암기했던 것이다.

소논문의 핵심이라 할 수 있는 논리적 사고력도 생활 속 친숙한 주제 또는 아이템을 통해 충분히 훈련할 수 있다고 본다. 또 자연스레 학업적인 관심으로도 이어질 것이다.

아무쪼록 이 책이 소논문을 준비하는 여러 학부모들과 수험생들에게 갈증을 풀어주는 시원한 생수가 되길 바란다.

진짜공신연구소 사무실에서

김범수

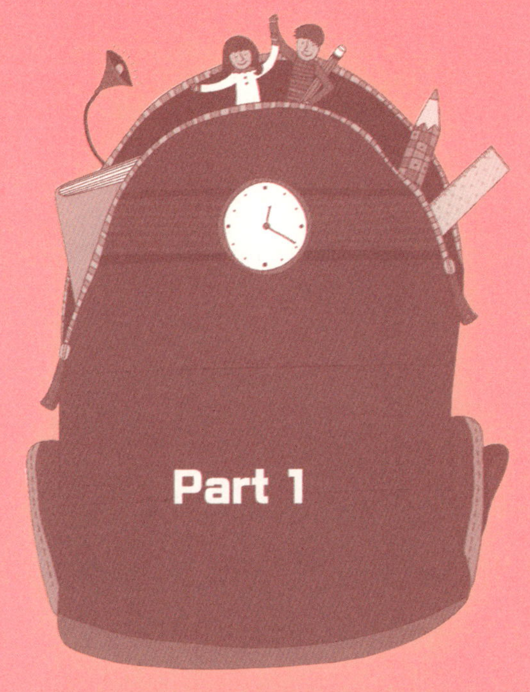

미리 소논문의 목적은
□□적 □□력을
기르는 데 있다

《진짜 공신들만 보는 대표 소논문》의 대상이 고등학생이라면 《진짜 공신들만 보는 미리 소논문》의 대상은 초등학생 고학년부터 중학생이다.

필자가 '미리 소논문'을 기획하면서 고민했던 이유가 여기에 있다. 아직은 이들이 소논문을 쓰기에 적지 않은 한계가 따른다. 또한 '초등학생이 벌써부터 소논문을 써야 해?'라는 괜한 오해도 받을 수 있다.

소논문은 '학문과 지적 호기심을 다양한 참고자료를 통해 설명 또는 주장을 하는 논증적 글쓰기'이다. 그렇다면 미리 소논문은 무엇일까? 답은 '미리 소논문의 목적은 □□적 □□력을 기르는 데 있다'라는 제목에 담겨 있다. 빈칸에 들어가야 할 단어는 '논리'와 '사고'력이다.

미리 소논문은 논리적 사고력을 기르는 데 목적이 있다. 미리 소논문은 소논문에만 초점을 맞추지 않았다. 논리와 사고력을 키우면 소논문뿐 아니라 학업성적과 글쓰기 등 학생들이 갖춰야 할 많은 부분이 알아서 해결

된다. 이 책 하나로 일석이조의 효과를 얻을 수 있다. 왜 그렇게 자신하느냐고? 그 이유는 이 책에 담겨 있는 방식으로 실제 효과를 봤기 때문이다.

필자의 딸은 초등학교 6학년이다. 발레학원, 피아노학원, 농구학원을 제외하고는 학원에는 다녀본 적이 없다. 하지만 4학년 때부터 학교 영재학급에서 공부하고, 관찰보고서쓰기대회, 과학토론대회 등 각종 교내 대회에서 최우수상을 받아 교육청대회에 학교 대표로 자주 참가했다. 독서활동으로 국립어린이청소년도서관장상을 받기도 했다. 딸아이가 다니는 학교는 학생 수만 해도 1,000명 가까이 되는 초등학교이다. 그 비밀을 이 책에 하나하나 담았으니 꼼꼼히 읽어보길 권한다.

논리적 사고력을
□□로 키운다고?

소논문에 필요한 논리적 사고력을 키울 수 있는 방법으로 가장 강력히 추천하는 것은 바로 '신문 기사'이다. 왜냐하면 신문 기사는 논리와 사고력의 '컬래버레이션'(협업)이기 때문이다.

필자는《중앙일보》교육섹션 대입담당기자로 기자 생활을 시작했다. 서류심사 → 필기시험(논술) → 면접 등의 과정과 100대 1에 가까운 경쟁률을 뚫고 입사했다. 얼마나 자신감이 넘쳤겠는가? 하지만 그 자신감은 수습기자 3개월 동안 바닥으로 곤두박질쳤다.

5분이면 충분이 읽는 기사를 쓰기 위해 5~10시간 가까이 고민하고 수정하고 또 수정하는 아픔을 겪어야 했다. 기사 쓰기는 일반 글쓰기와 전혀 다르다. 기사 쓰기의 원칙은 잘 알려진 '5W1H' 즉 육하원칙이다.

WHY	왜 그것이 필요한가?
What	그 목적은 무엇인가?
Where	어디서 하는 것이 좋은가?
When	언제 하는 것이 좋은가?
Who	누가 가장 적격인가?
How	어떤 방법이 좋은가?

'5W1H에 맞춰 기사를 쓰는 건 쉬울 거 같은데?'라고 생각할 수도 있다. 하지만 전혀 쉽지 않다. 왜냐하면 어디까지나 원칙, 즉 기본이기 때문이다.

쉽게 설명하자면 쌀밥만 있는 셈이다. 아무리 윤기가 좌르르 흐르는 최상품 쌀로 밥을 짓는다 해도, 반찬이 없다면 그 밥맛이 무슨 소용인가? 논리적 사고력은 반찬에 해당한다. 논리적 사고력이 중요한 이유는 읽을 때 아무런 의문이 들지 않기 때문이다.

쌀에도 등급이 있듯이 신문 기사에도 등급이 있다. 좋은 기사는 독자가 읽을 때 리듬감 있고 편안하며 지루하지 않고 재밌으면서 아무런 의문이 들지 않는 기사라고 할 수 있다.

대부분 한 번쯤은 그런 경험이 있을 것이다. 앞에서 말한 좋은 기사를 읽은 경험과 아닌 경험 말이다. 아닌 경험은 읽기도 어렵고 힘들고 읽고 나서도 여러 가지 의문이 드는 짜증 나는 기사를 말한다.

좋은 기사는 주로 역사가 오래되고 제법 규모가 있는 언론사에 많은 편이다. 왜냐하면 오랜 기간 선배들로부터 전수되어온 체계적인 기자 양성 시스템이 있기 때문이다. 아주 단순하고 시간도 많이 걸리지만 가장 확실한 논리적 사고력을 키우는 방법, 그건 바로 '도끼'라고 할 수 있다.

도끼로 찍으면
논리적 사고력이 길러져?

도끼는 논리적 사고력을 키우는 가장 확실하고 단순하지만, 그와 동시에 시간도 많이 걸리는 방법이다.

보통 '도끼' 하면 나무꾼이 도끼로 나무를 내려찍는 모습을 상상할 터이다. 그러나 기자들의 도끼는 그것이 아니다. 바로 컴퓨터 자판을 내려찍는 행위이다. 좋은 기사가 있으면 그 기사를 보면서 컴퓨터 워드프로그램을 활용해 도끼로 찍듯이 토씨 하나 틀리지 않고 그대로 옮긴다. 때로는 원고지를 활용하기도 한다.

논리적 사고력을 키우는 데 가장 확실하고 단순하면서도 시간이 많이 걸리는 방법이라고 해서 무언가 근사한 방법을 기대했는데, 별것 아니라서 실망스럽다는 반응도 있을 것이다. 하지만 예전에도, 지금도 그리고 미래에도 대한민국의 내로라하는 언론사와 잡지사는 이러한 방법으로 신입기자들을 훈련시켰고, 지금도 훈련시키고 있으며, 앞으로도 훈련시킬 것이다. 왜냐하면 이만큼 확실한 방법이 없기 때문이다.

필자가 《동아일보》 교육섹션인 〈신나는 공부〉 기자로 일할 때의 경험담이다. 입사 1~2년 차 기자들은 주말에도 마음 편히 쉴 수가 없었다. 물론 여러 이유가 있었지만, 그중 하나는 도끼 때문이었다. 월요일마다 선배들이 쓴 모범적인 장문의 기사를 2,000자 양면 원고지에, 그것도 손으로 1글자 1글자 정성스레 도끼 해야 됐기 때문이다.

'이걸 왜 하고 있지? 시간낭비 아닌가?'

맨 처음 도끼를 할 때 든 생각이었다. 말이 좋아 도끼지, 남이 쓴 글을 무작정 옮겨 적는 것 그 이상도 이하도 아니라고 생각했다. 하지만 그랬던 필자도 시간이 지나자 열렬한 도끼 지지자가 되어버렸다. 그 효과를 피부로 느꼈기 때문이다.

기사를 읽을 때와 그 기사를 손으로 쓸 때의 차이는 생각보다 크다. 예를 하나 들겠다. 평소 자가용을 타고 출퇴근을 하는 사람이 있다. 매일 같은 코스를 운행한다. 그러다 어느 날 대중교통으로 출근을 하게 됐다. 자가용을 타고 갈 때와 똑같은 코스이다. 하지만 그 느낌은 천지차이였다. 자가용을 탈 때는 미처 못 보고 지나쳤던 분위기 좋은 카페나 레스토랑 등이 눈에 들어왔기 때문이다. 도끼란 바로 이런 느낌이라 할 수 있겠다.

읽기가 자가용을 타고 출퇴근을 하는 느낌이라면, 도끼는 오랜만에 타보는 버스인 셈이다. 버스에 앉아 여유 있게 주변을 둘러본다. 읽을 때는 몰랐던 것이 도끼를 하며 쓸 때는 보이기 시작한다.

아직도 느낌이 안 온다면 다음 글을 읽고 구체적인 방법과 느낌을 함께 살펴보자.

다음의 예시는 필자가 기자 생활을 할 때 직접 쓴 기사 중 하나이다. 원래 분량은 5,100자 정도였으나, 책에는 2,800자로 정리해 수록한다. 국제학교와 외국학교 등 그럴싸한 간판으로 위장한 비인가 대안학교에 대한 기사인데, 일단 도끼와 상관없이 읽어보면 자녀교육 문제를 고민할 때 적지 않은 도움이 될 것이다.

'가짜 외국학교' 등 비인가 대안학교 200여 곳

일반고 전성시대를 열겠다는 진보교육감이 대거 당선됐다. 이들이 일반고 전성시대를 열기 위해 칼을 겨누는 곳은 국제고와 외국어고, 자율형 사립고 등 비일반학교들이다. 하지만 교육계 일각에서는 이들뿐 아니라 비인가 대안학교도 점검해야 한다는 목소리가 높다. 국제고와 외국어고, 자율형 사립고는 교육부의 관리감독을 받는 학교들이라 제재할 수단은 충분하다. 하지만 비인가 대안학교는 말 그대로 누구의 승인도 받지 않고 세울 수 있는 학교라, 관리의 사각지대에 놓여 있다.

17일 교육계에 따르면 진보교육감들이 일반고 전성시대를 열기 위해 국제고와 외국어고, 자율형 사립고에 대한 제재를 강화한다면, 풍선효과로 인해 이들 비인가 대안학교 시장이 더욱 커지게 될 것이라는 우려가 적지 않다. 비인가 대안학교는 적지 않은 숫자가 학교 이름에 수학과 영어와 같은 교과목을 넣거나 외국인학교와 국제학교 등을 넣어 학부모들의 시선을 모으고 있다. 설립자 마음대로 교육과정을 만들고 운영할 수 있으니 수학과 영어 수업만 해도 이상할 것은 전혀 없다.

미국 사립학교의 한국분교라면서 한국과 미국 두 군데서 졸업장을 받을 수 있다는 대안학교와 헝가리 의대로 진학하는 국내 최초의 '의학고등학교'라는 식으로 교육청의 승인을 받지 않은 비인가 교육과정을 운영해 학부모와 학생 들을 혼란에 빠트리기도 한다. 비인가 대안학교는 좋은 대학에 진학하기 위한 수단으로도 악용된다. 정규 고교과정을 졸업하면 내신시험과 수능준비, 봉사시간 등 고교재학 중에 챙겨할 것이 적지 않다. 하지만 비인가 대안학교는 내신시험에 대한 부담이 없다. 검정고시 성적으로 비교내신을 인정받는 대학이 적지 않기 때문이다.

예컨대 검정고시 평균점수가 90점이면 내신 1등급에 해당하는 점수를 인정받는 방식이다. 내신시험과 봉사시간에 대한 부담이 전혀 없다. 수능 준비에만 온전히 시간을 쏟을 수 있다. 경기도에 위치한 대입 사교육 업체들이 운영하는 기숙학원을 살펴보면 대안학교를 졸업하고 수능준비에만 몰두하는 나이 어린 재수생들도 적지 않은 것으로 확인됐다. 모 라디오방송국의 PD는 초등학생 두 자녀를 대안학교에 보내고 있다. 회사에서 보내준 3년간의 미국유학을 마치고 왔더니 아이들이 한국학교에 적응하지 못한다는 이유에서이다. 1달 학비만 1명당 70만 원, 2명이면 월 140만 원이 필요하다. 웬만한 사립대학 연간 등록금과 비슷한 수준이다.

현재 교육부에 정식 인가를 받은 대안학교는 50여 개 남짓이다. 하지만 비인가 대안학교는 200여 개 정도로 추정할 뿐 정확한 현황조차 파악하기 어렵다.

대안학교는 많아지고 대안학교에 보낼 수 있는 경제력을 가진 학부모는 적다 보니 자연스레 치열한 모집경쟁이 펼쳐진다. 학부모의 눈길을 끌기 위해 영어와 수학 그리고 국제화를 내세운다. 학생모집에 경쟁이 생기다 보니 무리수를 두기도 한다. 일부 대안학교는 외국학교의 한국분교라는 이름을 내걸고 신입생을 모집한다. 한국에서 학교를 다녀도 미국에서 학교를 나온 것과 동일한 효과를 거둘 수 있다는 대안학교와 졸업 후 헝가리의대로 입학한다는 대안학교까지 허무맹랑한 조건을 내세우는 학교가 나오는 이유이다.

전인교육을 위한 대안학교가 아니라 누군가의 돈벌이 대안으로 활용되는 깜짝 놀랄 만한 대안학교의 실태를 살펴보자. 미국 · 한국 졸업장을 동시에 가질 수 있다? 일산에 거주하는 학부모 A 씨는 초등학생 두 자녀를 대안학교로 보내기 위해 이것저것을 알아보다가 B대안학교의 홍보문구에 눈길이 갔다. 자신들은 한 미국 사립학교의 한국분교로, 졸업하면 한국뿐 아니라 미국에서도 학력이 인정된다는 것이다. A 씨는 B대안학교의 설명을 전적으로 믿었다. B대안학교는 비인가 대안학교가 아닌 교육부의 정식 인가를 받은 대안학교였기 때문이다.

A 씨는 B대안학교에 입학하면 국내 대학입시와 미국 유학 모두 유리할 것이라고 생각했다. 하지만 그 실체를 알고 나서는 속을 뻔했다며 얼굴을 붉혔다. 알고 보니 한 미국 사립학교의 한국분교라고 소개하던 그 대안학교는 교육부의 인가를 받지 않은 비인가 불법과정이었다. 학부모 A 씨가 혹시나 하는 마음

에 교육부의 외국인학교 담당자에게 전화를 걸어 확인한 결과다. 학부모 A 씨는 그 사건을 계기로 대안학교 진학을 포기했다. 믿을 수 있는 대안학교를 찾기가 힘들다는 이유에서이다.

요즘은 국제학교부터 대학까지 외국학교의 한국진출이 활발하다. 외국학교의 탈을 쓴 가짜 학교들도 마치 진짜인 양 학생을 모집하는 경우도 늘었다. B대안학교처럼 교육부 정식 인가를 받았다고 선전하는 비인가 외국학교들도 많아져 학부모와 학생을 혼란에 빠지게 한다. 교육부의 정식 인가를 받은 외국인학교와 국제학교는 국내 학력이 인정된다. 하지만 이름뿐인 비인가 대안학교에서는 국내 학력을 인정받을 수 없다. ○○○ 씨는 "국내 학력이 인정되면 부적응 문제로 일반학교로 전학해야 할 때 같은 학년으로 옮겨 가는 것이 가능하다. 하지만 그렇지 않은 학교들은 개별적으로 검정고시를 치러야 한다. 따라서 교육부의 정식 인허가 여부를 따지는 것이 중요하다"고 말했다.

그렇다면 이런 골칫거리 비인가 외국학교를 검증하는 방법은 어떤 것이 있을까. 교육부가 운영하는 '외국교육기관 및 외국인학교 종합안내(www.isi.go.kr)' 사이트를 활용하면 교육부가 국내 학력으로 인정하는 모든 외국학교 현황을 바로 확인할 수 있다. 여기에 없는 외국학교라면 비인가 대안학교일 가능성이 농후하다.

잘 읽었는가? 어떤 느낌인가?

여러 가지 의견이 있을 수 있지만, 필자가 원하는 느낌은 '물 흐르듯이 자연스레 흘러가는 논리적인 사고력이 담긴 글'이라는 것이다. 읽을 때는 10분도 안 걸리지만, 이 정도 분량의 글을 쓰면서 기사가 갖추어야 할 간결함과 논리성 등을 맞추는 데에는 반나절 정도가 필요하다.

앞에서 예시로 든 기사를 토대로 도끼를 진행해보자.

도끼 방법은 크게 2가지가 있다. 하나는 워드프로그램을 이용하는 것이고, 다른 하나는 원고지에 옮기는 것이다. 둘 중 적당한 하나를 선택하면 된다.

하지만 이왕이면 원고지에 직접 쓰는 방법을 추천하고 싶다. 초등학교 때부터 원고지 활용을 잘 배워두면, 몇 년 후 대학 진학까지 요긴하게 활용할 수 있기 때문이다.

대부분의 대학은 논술고사를 치를 때 원고지를 제공한다. 그러나 요즘 학생들은 '자판' 세대이기 때문에 악필이 정말 많다. 게다가 원고지를 활용하면 나중에 외고나 국제고 같은 상급학교에 진학할 때 참고자료로 활용할 수 있으며, 학교생활기록부에 남다른 스펙으로 기록할 수 있는 등 부가적인 장점이 여럿 있기 때문에, 가급적이면 원고지 사용을 추천하는 바이다.

여기까지 설명을 하고 질문을 받으면 크게 2가지 질문이 나온다. 먼저 이 질문이다.

원고지를 사야 합니까?

필자는 '그럴 필요 없다'고 답한다. 요즘 웬만한 집에는 프린터나 복합기 하나 정도는 있기 마련이다. 워드프로그램에는 원고지 인쇄 기능이 있다. 그 기능을 이용해 원고지를 출력하면 된다.

한글프로그램을 기준으로 설명하겠다. 다음 쪽의 이미지처럼 한글프로그램 상단에 있는 '도구'를 선택한다.

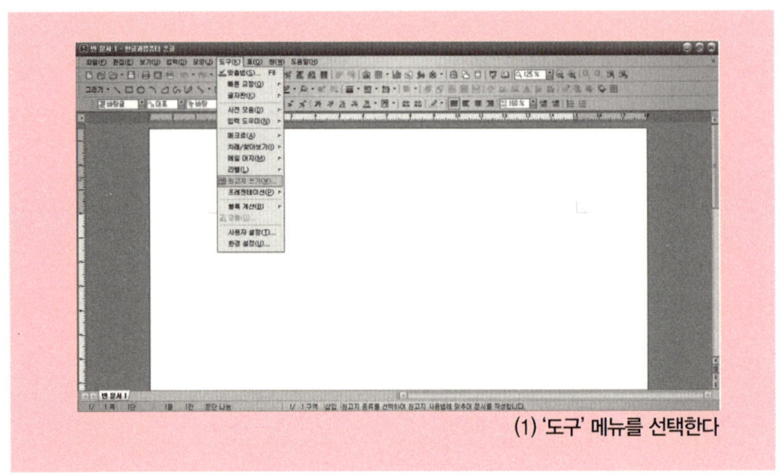

(1) '도구' 메뉴를 선택한다

도구를 선택하면 '원고지 쓰기'라는 팝업창이 나온다. 200~1,000 자까지 다양한 형태의 원고지 중 본인이 필요한 분량과 색상의 원고 지를 선택하면 된다. 필자는 200자 원고지 '검정'을 선택하겠다.

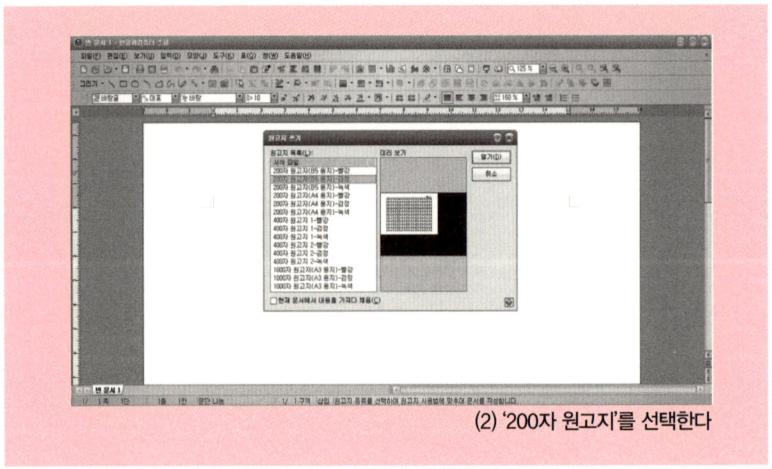

(2) '200자 원고지'를 선택한다

28

200자 원고지 검정을 선택한 결과는 아래와 같다. 쉽고 빠르게 필요한 원고지가 준비되었다.

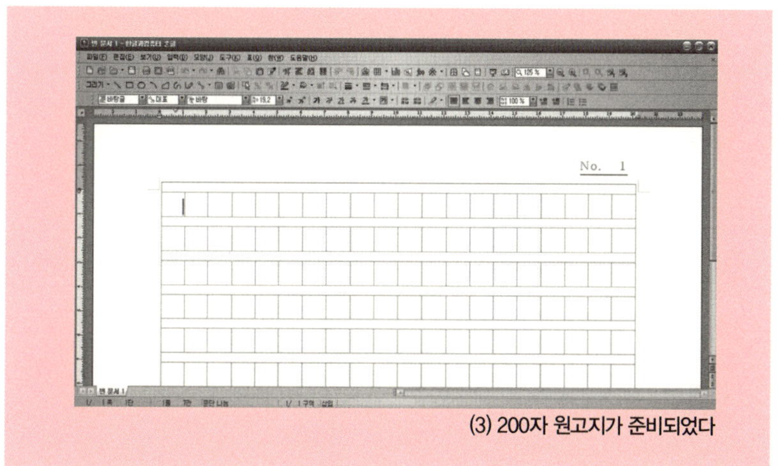

(3) 200자 원고지가 준비되었다

두 번째 질문이다.

어떤 필기구로 써야 합니까?

필자는 '가급적 검정색 볼펜이나 연필 중 하나'를 권하고 싶다. 도끼를 하는 기자들 역시 검정색 볼펜이나 연필 중 하나를 사용하고 있다.

이제 본격적으로 도끼를 시작하기 전에 중요한 것 하나가 더 남아 있다. 바로 원고지 사용법이다. 이번 기회에 사용법을 익혀놓으면 여러모로 도움이 될 것이다. 이 책에서는 도끼에 필요한 최소한의 사용법만 수록할 것이므로, 궁금증이 생긴다면 구체적인 원고지 사용법을 확인해보기 바란다.

원고지 사용법

• 제목

원고지 위에서 두 번째 줄 가운데에 쓴다. 제목이 길 때는 두 줄로 나누어, 보기 좋게 정렬한다. 제목에는 큰따옴표(" ")를 사용하지 않는다.

		가	짜		외	국		학	교		등		비	인	가
			대	안	학	교		20	0	여	곳			

• 글의 첫 문장

제목 아래 한 줄을 비우고 쓴다. 이때 첫 칸은 비운다.

가짜 외국 학교 등 비인가
대안학교 200여곳

일반고 전성시대를 열겠다는 진보교육
감이 대거 당선됐다. 이들이 일반고 전

* 단어와 단어 사이를 띄워야 해도 왼쪽 첫 칸은 절대 비우면 안 된다. 왼쪽 첫 칸은 문단이 바뀔 때만 비운다.

잘못된 예

일반고 전성시대를 열겠다는 진보교육
감이 대거 당선됐다. 이들이 일반고 전
성시대를 열기 위해 칼을 겨누는 곳은
국제고와 외국어고, 자율형 사립고 등

위의 예시 중 '칼을 겨누는 곳은 국제고와 외국어고, 자율형 사립고 등'을 보면 '겨누는 것은'과 '국제고와 외국어고' 사이를 띄워야 한다고 생각할 수 있다. 한글 맞춤법상으로는 맞지만, 원고지 사용법에 따르면 원고지 왼쪽 첫 칸은 문단이 바뀔 때만 비워야 하므로, 원고지에서는 다음의 '바른 예'처럼 쓴다.

바른 예

| | 일 | 반 | 고 | | 전 | 성 | 시 | 대 | 를 | | 열 | 겠 | 다 | 는 | | 진 | 보 | 교 | 육 |

| 감 | 이 | | 대 | 거 | | 당 | 선 | 됐 | 다 | . | | 이 | 들 | 이 | | 일 | 반 | 고 | | 전 |

| 성 | 시 | 대 | 를 | | 열 | 기 | | 위 | 해 | | 칼 | 을 | | 겨 | 누 | 는 | | 곳 | 은 | |

| 국 | 제 | 고 | 와 | | 외 | 국 | 어 | 고 | , | | 자 | 율 | 형 | | 사 | 립 | 고 | | 등 | |

• 대화문

큰따옴표(" ")와 작은따옴표(' ')를 쓰는 문장으로 줄을 바꾼 다음, 바꾼 줄의 첫 칸을 비우고 둘째 칸부터 쓰면 된다. '~라고' '~라며' '~한다' 등은 다음 줄 첫 칸에 쓴다.

선	생	님	은		나	에	게								
	"	범	수	는		모	범	생	이	다	.		"		
라	고		말	씀	하	셨	다	.							

• 인용문

짧은 인용문은 인용부호를 표시한다. 긴 인용문은 대화와 같은 방식으로 처리하면 된다.

| 옛 | 말 | 에 | | | ' | 고 | 래 | | 싸 | 움 | 에 | | 새 | 우 | 등 | | 터 | 진 | 다 | ' |
| 라 | 고 | | 했 | 다 | . | | | | | | | | | | | | | | | |

• 숫자 쓰기

1자릿수 숫자(아래 예시의 1등급)는 1칸에 1글자씩, 2자릿수 이상의

숫자(아래 예시의 90점)는 1칸에 2자씩 쓴다.

예	컨	대		검	정	고	시		평	균	점	수	가		90	점	이	면
내	신		1	등	급	에		해	당	하	는		점	수	를		인	정	받
는		방	식	이	다	.												

• 알파벳 쓰기

알파벳 대문자와 로마숫자는 1칸에 1글자로 표기한다.

M	I	L	K													
I	II	III	IV	V												

알파벳 소문자는 1칸에 2자씩 표기한다.

mi	lk															

• 문장부호 쓰기

문장부호는 1글자로 취급한다.

!		?		.		,		'	'		"	"		(		)

물음표(?)와 느낌표(!)는 글자처럼 1칸을 차지하게 쓴다.

	대	한	민	국	은		민	주	공	화	국	이		아	닌		샤	머	니
즘		공	화	국	이		되	어		버	렸	다	!						

	대	한	민	국	은		민	주	공	화	국	이		아	닌		샤	머	니
즘		공	화	국	이		되	어		버	렸	나	?						

물음표(?), 느낌표(!), 줄임표(…) 다음에는 1칸씩 띄운다.

	대	한	민	국	은		왜		민	주	공	화	국	이		아	닌		샤
머	니	즘		공	화	국	이		되	어		버	렸	나	?		최	순	실

온점(.)과 반점(,)을 찍은 다음에는 1칸을 띄우지 않고 바로 이어서 글자를 쓴다.

	현	재		교	육	부	에		정	식		인	가	를		받	은		대
안	학	교	는		50	여	개		남	짓	이	다	.	하	지	만		비	인

온점(.)과 반점(,)이 각 줄 첫 칸에 올 때는 전 줄 마지막 칸이나 여백에 쓴다.

잘못된 예

	이	완	용	,	이	근	택	,	이	지	용	,	박	제	순	,	권	중	용
,	이	들	은		나	라	를		팔	아	먹	은		을	사	오	적			

바른 예

	이	완	용	,	이	근	택	,	이	지	용	,	박	제	순	,	권	중	용,
이	들	은		나	라	를		팔	아	먹	은		을	사	오	적				

줄임표(……)는 1칸에 점 3개씩, 2칸에 이어서 모두 6개를 찍는다.

대	한	민	국	은		왜		민	주	공	화	국	이		아	닌		샤
머	니	즘		공	화	국	이		되	어		버	렸	나	…	…		순	실

구두점 사용법

구두점은 '글에 찍는 쉼표와 마침표'를 말한다. 논문, 보고서 등 어느 정도 격식이 필요한 글쓰기에서 약방의 감초 같은 역할을 한다.

좀 더 쉽게 표현하면 구두점은 깨끗이 세수한 얼굴에 바르는 비비

크림이라고 할 수 있을 것이다. 쉼표와 마침표라는 첨가제 때문에 어렵고 딱딱한 문장을 극복할 수 있다고 해도 과언이 아니다. 다음의 예시를 보도록 하자.

> 광고의 기본은 무엇인가 바로 눈길을 잡아야 한다는 것이다
>
> 광고를 보는 사람의 뇌와 신경세포를 자극해 아 저런 거 하나는 있어야 해
>
> 라는 인식을 심어주고 구매하게끔 만드는 것이다 자기소개서도 동일하다
>
> 내 자기소개서를 본 대학관계자들이 아 저런 학생은 우리 대학에서 반드시
>
> 모셔와야 해라고 군침을 흘릴 수 있게 해야 한다 말은 쉽지

필자가 쓴 《진짜 공신들만 쓰는 자기소개서의 비밀》이라는 책의 본문으로, 문장에서 구두점을 다 지워봤다. 그랬더니 의미 전달이 불확실해졌다.

'광고의 기본은 무엇인가 바로 눈길을 잡아야 한다는 것이다'라는 문장이 무슨 뜻인지 와 닿지 않는다. '무엇인가 바로 눈길을 잡아야 하는 것이 광고의 기본이다' '광고의 기본은 무엇이라고 생각해? 바로 눈길을 잡아야 하는 것이야'라는 뜻 같지만, 뭔가 미묘하게 문장의 의미가 달라지는 느낌이다.

　　마침표와 쉼표가 없다 보니 읽고 싶은 생각이 들지도 않고, 읽어도 답답하다는 느낌도 든다.

　　그러면 이제는 동일한 문장에 구두점을 활용해보겠다.

　　광고의 기본은 무엇인가? 바로 눈길을 잡아야 한다는 것이다.

　　광고를 보는 사람의 뇌와 신경세포를 자극해 '아 저런 거 하나는 있어야 해!'

　　라는 인식을 심어주고 구매하게끔 만드는 것이다. 자기소개서도 동일하다.

　　내 자기소개서를 본 대학관계자들이 '아 저런 학생은 우리 대학에서 반드시

　　모셔와야 해!'라고 군침을 흘릴 수 있게 해야 한다. 말은 쉽지?

　　문장에 마침표, 느낌표, 물음표, 작은따옴표만 추가했을 뿐인데 느낌이 확 달라졌다. 게다가 글의 의미도 정확해졌으며, 뭔가 짜임새 있는 문장이라는 느낌을 준다. 마지막에 눈동자 하나를 찍었더니 그림 속 용이 하늘로 승천했다는 뜻의 사자성어 '화룡점정'과 같은 느낌이다.

　　그렇다면 이제 구두점의 구체적인 쓰임새를 알아보자.

• 마침표

문장의 끝맺음을 나타내는 문장부호이다. 마침표 3형제는 제목에는 쓰지 않는다. '대한민국은 민주공화국이다'처럼 따옴표 안에서 문장이 끝날 경우는 '대한민국은 민주공화국이다.'와 같이 따옴표 안에 마침표를 써야 한다.

마침표(.)	문장을 끝맺을 때 사용한다. ※ '온점'이라 불렀으나 2014년 '마침표'로 용어 변경
느낌표(!)	감탄, 놀람, 부르짖음, 명령 등을 강하게 나타내는 말 다음에 사용한다.
물음표(?)	의심이나 물음을 나타내는 문장 끝에 사용한다.

• 쉼표

문장을 끊어야 할 때 사용하는 문장부호이다.

반점(,)	주로 문장을 끝맺을 때 사용한다. ※ 숫자 나열, 도치된 문장 등에 사용
쌍점(:)	주로 앞 문장 부연 설명에 사용한다.
반쌍점(;)	참고문헌이 하나 이상일 때 구별을 위해 사용한다.

• 묶음표

숫자, 문자, 문장·수식의 앞뒤를 막아 구별할 때 사용한다. 소괄호
( ), 중괄호{ }, 대괄호〔 〕가 있으며, 논문은 주로 소괄호를 활용한다.

소괄호( )	1. 숫자·문자, 문장·수식의 앞뒤를 막아 구별할 때 사용한다. 2. 용어에 대한 설명, 원어, 시기 등을 기입할 때 사용한다. (예) 위만조선(위만의 집권 후 멸망할 때까지의 고조선)

• 따옴표

큰따옴표(" ")와 작은따옴표(' ')로 구성한다.

큰따옴표("")	1. 다른 자료나 연구결과를 인용할 때 사용한다. 2. 직접적인 대화를 담아야 할 때 사용한다. (예) 이승만 대통령은 북한군이 기습 남침했을 때 "서울 시민 여러분, 안심하고 서울을 지키시오. 적은 패주하고 있습니다. 정부는 여러분과 함께 서울에 머물 것입니다."라고 국민들을 안심시켰다. 하지만 이 대통령 자신은 서울에 없었다.
작은따옴표(' ')	1. 문장의 중요한 부분을 표시한다. 2. 인용단어·구절을 나타낼 때 사용한다. (예) 이순신 장군은 원균을 '흉악한 도적'으로 묘사했다.

도끼로 어떤 나무를
찍어야 하나?

이제 도끼를 위한 모든 준비가 끝났다. 도끼를 시작해보자.

여기까지 설명하면 공통적으로 빠지지 않는 질문이 몇 가지 나온다. 가장 많은 질문은 바로 이것이다.

도끼의 필요성은 잘 알겠다! 그런데 도끼를 하려면 어떤 종류의 기사를 선택해야 하는가?

도끼는 논리적 사고력을 키울 뿐 아니라 체계적인 글쓰기 훈련까지 가능한 방법이라고 했다. 그렇기 때문에 연예나 스포츠 기사보다는 경제, 인문, 사회, 과학 기사가 논리적 사고력과 글쓰기 훈련에, 즉 '도끼'에 유리하다고 할 수 있겠다.

필자는 가급적 역사와 전통이 있는 언론사의 경제 기사와 사설, 특별기획 기사를 추천한다. 이들 기사에는 사실을 전달하는 팩트(Fact)뿐 아니라 한자 어휘, 전문용어, 기자의 날카로운 분석 등이 담겨 있기 때문이다.

처음에는 이런 기사로 도끼를 하는 것이 지겹고 어렵고 짜증 날 가능성이 높다. 그래도 꾸준히 몇 년을 하다 보면 분명히 효과를 보게 될 것이다.

이 책을 보는 초등 고학년~중등 독자를 위해 도끼 집중 연습용 부록을 별도로 실었다. 필자가 기자 생활을 할 당시에 초등학생과 중학생을 대상으로 준비했던 경제 기사 10편이다. 분량도 1,000자부터 2,600자까지 다양하게 엄선했으므로, 상황에 맞춰 도끼를 하면서 그 효과를 체감해보기 바란다.

초등학생이 언제까지나 초등학생일 수 없고, 중학생이 언제까지 중학생일 수는 없다. 언젠가는 반드시 고등학생이 된다.

교육현장에서 수많은 고등학생을 만나본 필자의 경험에 따르면, 논리적인 사고력과 체계적인 글쓰기 훈련이 부족한 친구들은 공통적으로 국어 가운데 비문학과 작문을 어려워했다. 여기서 비문학은 경제, 철학, 과학, 기술, 예술 등의 전문적인 지문이 출제되며 고득점을 결정하는 파트라고 이해하면 된다. 작문은 말하기와 글쓰기라고 생각하면 이해가 쉬워진다.

비문학 지문은 4년제 대학을 졸업한 어른들이 봐도 쉽지 않은 수준의 난도를 자랑하기 때문에, 논리적인 사고력이 훈련되어 있지 않으면 좋은 점수를 받기가 어렵다. 화법과 작문도 마찬가지이다. 어휘에 익숙하지 않으면 오답을 선택할 가능성이 높아진다.

실제 수능에 출제된 화법과 작문 파트의 문제를 하나 풀어보자. 2016학년도 대학수학능력시험 국어 화법과 작문 파트 8번 문제로 출제되었다.

초고

앱을 개발하려는 사람들은 아이디어가 넘친다. 사람들이 여행 준비를 위해 많은 시간을 허비하는 것을 보면 한 번에 여행 코스를 짜주는 앱을 만들어 보고 싶어 한다. ⓐ도심에 주차장을 못 찾아 헤매는 사람들을 보면 주차장을 쉽게 찾아주는 앱을 만들어 보고 싶어 한다. 그러나 막상 앱을 개발하려 할 때 부딪히는 여러 난관이 있다. 여행지나 주차장에 대한 정보를 모으는 것도 문제이고, 정보를 지속적으로 갱신하는 것도 문제이다. 이런 문제 때문에 결국 아이디어를 포기하는 경우가 많다.

ⓑ그래서 이제는 아이디어를 포기하지 않아도 된다. 바로 공공 데이터가 있기 때문이다. 공공 데이터는 공공기관에서 생성, 취득하여 관리하고 있는 정보 중, 전자적 방식으로 처리되어 누구나 이용할 수 있도록 국민들에게 제공된 것을 말한다. 현재 정부에서는 공공 데이터 포털 사이트를 개설하여 국민들이 쉽게 이용할 수 있도록 하고 있다. 공공 데이터 포털 사이트에서는 800여 개 공공 기관에서 생성한 15,000여 건의 공공 데이터를 제공하고 있으며, 제공하는 공공 데이터의 양을 꾸준히 ⓒ늘리고 있다.

공공 데이터가 가진 앱 개발 분야에서의 장점은 크게 2가지를 들 수 있다. 먼저 공공 데이터는 공공 기관이 국민들에게 편의를 제공하기 위해 ⓓ시행된 정책의 산출물이기 때문에 실생활과 밀접하게 관련된 정보가 많다는 점이다. 앱 개발자들의 아이디어는 대개 앞에서 언급한 것처럼 사람들의 실생활에 편의를 제공하기 위한 것들이다. 그래서 만약 여행 앱을 만들고자 한다면 한국관광공사의 여행정보에서, 주차장 앱을 만들고자 한다면 지방 자치 단체의 주차장 정보에서 필요한 정보를 얻을 수 있다. 두 번째로 공공 데이터를 이용하는 데에는 비용이 거의 ⓔ들이지 않기 때문에, 정보를 수집하고 갱신할 때 소요되는 비용을 줄일 수 있다는 점이다. 그래서 개인들도 비용에 대한 부담 없이 쉽게 앱을 만들 수 있다.

8. ⓐ~ⓔ를 고쳐 쓰기 위한 방안으로 적절하지 않은 것은?

① ⓐ: 조사의 사용이 잘못 되었으므로 '도심에서'로 고친다.

② ⓑ: 앞 뒤 내용을 고려하여 '그러나'로 고친다.

③ ⓒ: 문맥상 부적절한 단어이므로 '늘이고'로 고친다.

④ ⓓ: 문장 성분 간의 호응을 고려하여 '시행한'으로 고친다.

⑤ ⓔ: 사동 표현이 부적절하게 사용되었으므로 '들지'로 고친다.

어떤가? 수능 시험문제라고 해서 긴장했을 테지만, 대부분 어렵지 않게 답을 찾아냈으리라 생각한다.

답은 ③이다. 지문에 있는 '데이터의 양을 꾸준히 늘리고 있다'를 '늘이고'로 고치는 것이 적절하지 않다는 것이다. '늘리다'는 양적인 의미이다. 반면 '늘이다'는 양적인 변화가 없이 형태만 바뀔 뿐이다.

가래떡을 생각하면 된다.

학부모의 시각에서는 '이게 뭐가 어려워?'라고 생각하겠지만, 평소 논리적인 사고력과 어휘력이 부족한 수험생에게는 충분히 알쏭달쏭한 문제이다. 정치, 경제, 과학, 기술, 순수예술, 철학, 신문 사설과 같은 종류의 기사를 선택해 도끼를 진행하면 이런 문제는 아주 손쉽게 해결된다.

그다음 질문은 아마도 이것이리라 짐작한다.

분량은 어떻게 해야 하나요?

기사는 분량이 많은 기사, 적당한 기사, 짧은 기사로 나뉘어 있다. 도끼의 효과를 보려면 2,500~4,000자 분량의 기사를 선택하는 것이 좋다. 그리고 이 질문에는 '눈대중으로 분량을 확인하세요'라고 답하고 싶다.

신문을 구독할 경우라면 신문 1면을 기준으로 1/3~절반 정도를 차지하는 기사가 2,500~4,000자 분량에 해당한다고 보면 된다. 신문을 구독하지 않는 경우라면 인터넷포털사이트를 통해 기사의 분량을 가늠하면 된다. 2,500~4,000자 분량이 부담스러울 경우에는

1,500~2,500자 분량의 기사를 선택해도 나쁘지 않다.

신문을 구독해야 하나요?

십중팔구 이 질문도 나올 것이다. 굳이 신문을 구독해 읽을 필요는 없다. 인터넷포털사이트에 접속하면 충분하기 때문이다.

마지막 질문은 다음과 같다.

일주일에 몇 회를 하는 것이 좋을까요?

필자는 매일 하라고 추천하고 싶지만, 첫 시작부터 무리하게 시키면 역효과가 나올 수 있다. 그러므로 초등학생 고학년이 처음 한다면 일주일에 2번 정도, 중학생이라면 일주일에 3회 정도, 1회에 1편씩 도끼를 진행하면 무리 없이 습관화시킬 수 있겠다.

도끼의 효과를 높일 수 있는 소소한 팁

마지막으로 도끼 효과를 높일 수 있는 소소하지만 핵심적인 팁을 이야기할까 한다. 기사는 단어(어휘)의 보고라 할 수 있다. 아주 다양한 사회, 정치, 경제, 과학, 기술 등의 주제를 다루므로 아직 어린 학생들은 이해하기 어려울 때가 많다.

다음의 예시를 보자. 필자가 기자 생활을 할 당시 어린이신문 1면에 직접 쓴 경제 기사이다.

화폐는 제2의 국기다?

왜? 화폐에는 그 나라를 대표하는 위인들이 그려져 있나?

화폐에는 그 나라의 문화가 담겨 있답니다. 이는 화폐에 나라의 자긍심을 담기 위한 것이지요. 화폐가 '제2의 국기(國旗)'라고도 불리는 이유입니다. 빔 다위센베르흐 유럽중앙은행 초대 총재는 "지폐는 지불 수단만이 아니다. 그것을 발행하는 국가의 영혼이 담긴 작품이다"라고 강조할 정도 였지요. 진정한 의미의 화폐 디자인은 국가 정체성을 살려 국민적 자부심을 일깨우는 데 있다는 거지요. 이를 위해 그 나라의 화폐를 발행하는 각국 은행들은 자국을 대표하는 인물·유적·자연·동식물 등을 지폐와 동전에 새긴답니다.

이 중 가장 흔한 소재는 바로 인물입니다. 옛날에는 누군지 알 수 없는 일반인이 등장했다고 하지요. 인물 초상이 화폐에 본격적으로 등장한 시기는 1920년대 전후입니다. 인플레이션으로 돈이 휴지 조각이 되면서 화폐의 신뢰성이 중요해졌기 때문이지요. 이 시기 스페인 지폐에는 노벨 생리의학상 수상자인 산티아고 라몬 이 카할, 폴란드 지폐에는 민족 영웅 타데우시 코시치우슈코, 네덜란드 지폐에는 중앙은행 총재의 초상이 들어갔습니다. 오늘날에도 많은 국가가 독립영웅·정치가·예술가·과학자 등 많은 위인들을 지폐의 모델로 삼고 있답니다. 미국의 경우 초대 대통령인 조지 워싱턴과 노예 해방을 선언했던 링

컨 대통령 등의 얼굴을 넣었지요. 자유와 평등이라는 국가 이념을 표현한 겁니다. 호주의 100달러에는 성악가 넬리 멜바가, 스위스의 10프랑에는 건축가 르 코르뷔지에가, 덴마크의 500크로네에는 노벨 물리학상 수상자인 닐스 보어가 실려 있지요.

모든 지폐에 단 한 사람이 등장하기도 한답니다. 독재국가나 왕정 국가만의 일이 아니라지요. 인도의 마하트마 간디, 터키의 무스타파 케말 아타튀르크, 중국의 마오쩌둥, 남아프리카공화국의 넬슨 만델라처럼 그 나라의 독립과 역사에 절대적인 영향을 미친 인물이 대표적이죠. 프랑스 국왕 루이 16세도 자신의 얼굴을 새긴 '아시냐'라는 화폐를 발행했죠. 루이 16세는 프랑스 대혁명의 와중이던 1791년 6월 파리를 빠져나와 동부 국경으로 국외 탈출을 시도하려다 돈에 그려진 왕을 알아본 농부의 밀고로 붙잡히기도 합니다. 재밌지 않나요? 자신의 초상을 새기지 않았다면 잡히지 않았을 텐데요.

그렇다면 우리나라 화폐는 어떨까요? 우리나라 화폐는 1원짜리 동전에 무궁화, 5원짜리 동전에 거북선, 10원짜리 동전에 다보탑, 50원짜리 동전에 벼 이삭, 100원짜리 동전에 충무공 이순신 장군, 500원짜리 동전에 학이 등장합니다.

지폐에는 1,000원권에 퇴계 이황, 5,000원권에 이율곡, 1만 원권에 세종대왕, 5만 원권에 신사임당이 새겨져 있습니다. 어때요? 우리나라 화폐에도 역사적 인물이 새겨져 있지요? 우리나라 화폐에 대해선 등장인물이 조선 시대에 너무 집중됐다는 견해도 있어요. 5,000년 역사를 지닌 나라인데 조선의 인물에 한정돼 역사를 일부만 보여주는 것 같다는 이유에서죠.

한민족 사상 가장 넓은 영토를 차지하고 대륙을 호령한 고구려의 광개토대왕, 수나라 100만 대군을 물리친 살수대첩 신화의 주인공 을지문덕 장군, 통일신라 때 완도에 청해진을 개척한 해상왕 장보고 등등 다양한 시대에 걸쳐 위대한 업적을 가진 위인들이 많기 때문이죠.

만약 이 기사를 초등학교 6학년이 읽었다고 가정해보자. 생소한 어휘가 상당히 많을 것이다. 생소한 어휘를 대략적으로 정리해보면 다음과 같다.

- 국기: 태극기와 같이 나라를 상징하는 깃발이다.

- 타데우시 코시치우슈코: 폴란드의 정치인. 미국 독립전쟁에서 이룬 업적과 조국 폴란드의 민족봉기를 이끈 일로 명성을 얻었다.

- 산티아고 라몬 이 카할: 스페인 출신의 신경조직학자. 뇌의 미세구조에 대한 선구적인 업적으로 근대 뇌과학의 아버지라고 불리는 인물이다.

- 인플레이션: 물가가 일정 기간 지속적으로 올라가는 현상을 말한다.

- 넬리 멜바: 런던을 중심으로 유럽과 미국 등지에서 활약한 호주의 역사적인 소프라노 가수이다.

- 르코르뷔지에: 스위스 태생의 프랑스 건축가. 현대 디자인의 이론적 연구의 선구자라고 평가받는다.

- 닐스 보어: 원자 구조의 이해와 양자역학의 성립에 기여한 덴마크의 물리학자. 이 업적으로 1922년에 노벨 물리학상을 받았다.

- 마하트마 간디: 인도의 국부이자 인도 민족해방운동의 지도자이며 인도의 정신적 지도자. 5루피부터 1,000루피까지 이르는 인도의 모든 지폐에 간디의 초상이 새겨져 있을 정도로 추앙받고 있다.

- 무스타파 케말 아타튀르크: 터키의 국부이자 오스만제국의 장군이며 갈리폴리 전투와 터키 독립전쟁의 영웅. 터키 공화국의 초대 대통령으로 사회 체계와 문화를 정비하여 근대 국가인 터키 공화국의 기틀을 다진 인물이다.

- 마오쩌둥: 초기 중국 공산당의 최고 지도자. 1945년 제2차세계대전이 끝난 뒤 장제스와 당시 중화민국 정부에 대항한 국공 내전에서 승리를 거두고 1949년 중국 대륙에 중화인민공화국을 수립한 인물이다.

- 넬슨 만델라: 남아프리카 공화국에서 평등 선거 실시 후 뽑힌 세계 최초의 흑인 대통령. 대통령으로 당선되기 전에는 아프리카 민족회의(ANC)의 지도자로서 남아공 옛 백인정권의 인종차별에 맞서 투쟁을 지도했다.

다른 예시를 하나 더 보자. 필자가《중앙일보》교육섹션 기자로 근무할 당시 음악과 관련해 쓴 기사이다.

같이 풀어나간다.

"바이올린은 줄이 4개입니다. 이 중 저음을 내는 선이 G선이죠. 이 선만으로 곡을 만들지는 않았습니다. 전쟁이 발발하자 바흐는 가장 아끼는 바이올린만을 챙겨 피난길에 올랐죠. 피난 중에도 작곡활동을 멈추지 않았는데 어느 순간 줄이 한 가닥씩 끊어지게 된 겁니다. 결국 가장 튼튼한 G선만이 남게 된 것이죠. 그래서 나온 작품이 〈G선상의 아리아〉입니다."

이렇게 이야기로 음악의 배경을 설명해주면 지루할 것 같다는 표정을 짓던 아이들도 호기심 어린 눈동자로 바뀐다. ○○○ 교수는 자신의 사비를 털어 음악회를 이어오고 있지만 "아이들이 변화되는 모습에서 성취감을 맛보기 때문에 포기할 생각이 없다"고 말한다. 산만하고 반항적이었던 아들이 이 공연을 통해 클래식에 빠진 후 차분한 성격으로 바뀌었다는 것이다.

가정에서도 클래식을 활용해 교육적 효과를 얻을 수 있다. ○○○ 교수는 "클래식 음악은 세계사를 담고 있는 박물관"이라며 "곡이 쓰여진 배경을 살피면 자녀의 역사 공부도 함께 챙길 수 있다"고 설명했다. 예컨대 구노의 작품 〈아베마리아〉는 구노가 절친한 친구였던 몽베르 주교의 순교를 기념하기 위해 쓴 작품이다. ○○○ 교수는 "몽베르 주교가 순교한 곳이 조선"이라며 "천주교 박해사건 때문이었다. 이 같은 배경을 알고 곡을 대할 때와 아닐 때는 받아들이는 자세부터 달라진다"고 설명했다. 이처럼 배경지식을 쌓는 방법은 그다지 어렵지 않다. ○○○ 교수는 "시중에 나와 있는 음악사 책을 참고하면 충분하다"

고 조언한다. 이때는 작곡가와 장르별로 주제를 정해 살펴보는 것이 좋다. 음악

사가 광범위한 만큼 긴 호흡을 가져야 한다는 이유에서이다.

그는 이어 "클래식에 별다른 지식이 없다면 휴대전화의 어플리케이션을 활

용하는 것이 도움이 된다"고 귀띔했다. 장르에 상관없이 일정 소절만 들려주면

작곡가와 곡명을 안내해주고 바로 듣기까지 연결해주기 때문이다. ○○○ 교수

는 "아이들이 클래식을 지루하게 생각하는 이유는 용어가 전문적이고, 음악을

암기할 지식으로 강요하기 때문"이라며 "철저히 아이들의 눈높이에 맞추는 것

이 필요하다"고 당부했다.

다시 이 기사 내용에서 초등학교 6학년이 보기에 어렵고 생소한

어휘를 정리해보겠다.

- 바흐: '음악의 아버지'라고 불리는 서양 음악 역사상 가장 위대한 작곡가. 오

  페라를 제외한 당시 유행했던 거의 모든 장르와 형식, 양식의 작품을 남겼다.

- 헨델: 독일에서 출생하여 영국에서 활동한 바로크 시대의 작곡가. '음악의 어

  머니'라고 불린다.

- 아리아: 오페라 중 주인공이 부르는 서정적이고 아름다운 독창곡. 때로는 서정적인 소가곡이나 그 기악곡을 뜻하기도 한다. 영창이라고도 하며, 기악곡으로도 작곡된다.

- 클래식 음악: 서양의 전통적인 예술음악이다.

- 구노: 오페라 〈파우스트〉와 〈로미오와 줄리엣〉을 작곡해 음악사에서 빛나는 위치를 차지한 작곡가. 프랑스적인 오페라를 만들어낸 인물이다.

- 아베마리아: 가톨릭교회의 기도인 성모송, 또는 성모송에 가락을 붙인 성악곡. 라틴어 성모송의 첫 구절에서 비롯한 명칭이다.

- 몽베르(엠베르) 주교: 한국 이름은 범세형. 조선에서 천주교를 포교하다 순교했다.

- 박해: 힘이나 권력 따위로 약한 처지의 사람을 못살게 굴거나 해를 입히는 것이다.

이런 식으로 생소한 어휘가 나오면 하나하나 뜻을 찾아 이해한 다음에 넘어가야 한다. 하지만 이해만 하고 넘어가면 기억에 오래 남지 않는다는 것이 문제이다.

이 때문에 필자는 'DIY 어휘사전'을 제안한다. DIY는 'Do-It Yourself'의 머리글자를 하나씩 딴 단어로, 자신만의 어휘사전을 만들라는 의미이다. 단어장을 만들기 위해 처음 해야 할 일은 단어장의 총 매수를 세는 것이다.

예컨대 내가 산 단어장의 총 매수가 100매라고 하자. 그다음 ㄱ, ㄴ, ㄷ, ㄹ 순으로 단어장을 배분한다. 한글 자음은 14자로 구성돼 있다. 100을 14로 나누면 자음 하나당 7장 정도가 배분된다. ㄲ, ㄸ, ㅉ과 같은 겹자음은 ㄱ, ㄷ, ㅈ으로 분류해주면 된다.

한글 자음 순서로 어휘를 정리하면 그렇지 않은 경우에 비해 기억에 오래 남는다. 단어장 앞 장에는 어휘만 그 뒷장에는 어휘의 뜻만 정리하자. 예컨대 '책임총리'라는 어휘를 모른다면 이렇게 기록하는 것이다.

앞 장: 책임총리

뒷장: 국무총리의 역할과 기능을 강화하여, 대통령에게 집중되어 있는 국정의 권한과 책임을 국무총리가 실질적으로 분담하게 해 총리의 권한을 강화하는 제도이다

나중에 책임총리라는 단어를 다시 봐도 도저히 뜻이 기억나지 않는다면 뒷장을 보면서 '아! 맞아 이런 의미였지!'라고 기억해낸다. 그

리고 이러한 방법을 반복해서 기억을 자극한다.

때로는 반대로 할 수도 있다. 뒷장의 뜻을 보면서 뜻에 해당하는 어휘를 떠올리는 것이다. 종이를 반으로 접어서 해도 좋다. 반으로 접어서 한쪽에는 단어, 다른 한쪽에는 뜻을 정리한다. 이런 방법으로 어휘를 외우거나 아니면 단어를 가린 후 뜻을 떠올리면 효과 만점이다.

사설노트에 모르는 어휘를 함께 기록하는 습관을 들인다면 수능에서, 특히 국어 영역에서 크게 도움받을 수 있다.

도끼를 하면서 생소한 어휘를 챙겨 본다면 절대 후회하지 않을 것이다. 또한 이렇게 해서 후회한 학생들은 지금까지 없었다는 사실을 다시 한 번 강조하고 싶다.

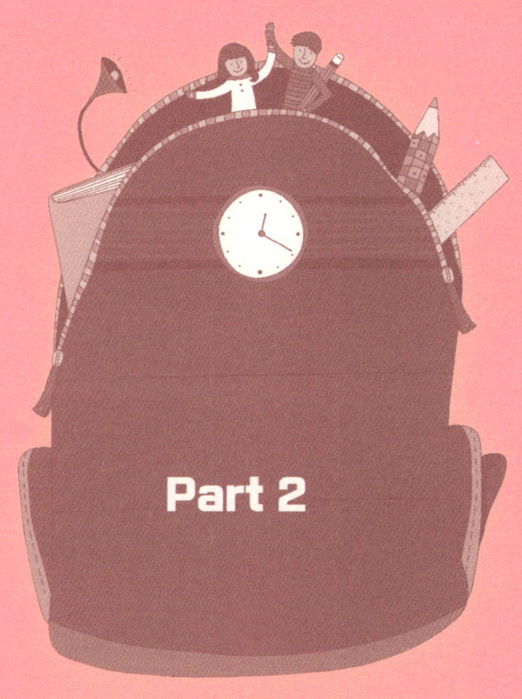

Part 2

미리 소논문으로 나만의 차별화를 완성한다

소논문을 쓰는 이유는 무엇일까? 여러 가지 이유가 있겠지만 종착점은 하나이다. 누구나 가고 싶어 하는 대학을 학생부종합전형으로 들어가기 위한 것이다.

소논문은 단어에 '小' 자가 들어가긴 하지만 사실상 논문과 다름이 없다. 소논문은 단순한 글쓰기가 아니기 때문이다.

소논문은 논문에 준하는 글이다. 그저 작은 논문일 뿐이다. 따라서 소논문 1편을 완성하는 데에는 상당히 오랜 시간이 필요하며, 그 준비 기간에는 방대한 자료 조사부터 검증, 형식에 맞춘 글쓰기의 완성까지 모든 것이 포함된다.

그렇기 때문에 고등학교 때부터 준비하는 것보다 중학교 때부터, 그리고 중학교 때부터 준비하는 것보다 초등학교 때부터 미리미리 준비해두길 권하는 것이다.

이 책은 소논문의 개념을 단순히 논문형식의 글쓰기에 한정 짓지 않는다. 소논문을 준비하면서 비문학 지문, 사회탐구 그리고 작문능력 향상으로 연결되는 방법을 제시한다.

자, 지금부터 그 방법을 살펴보자.

핵심문장의 답은
사설에 있다

사설은 사전적 의미로 '신문 또는 잡지에서 글쓴이의 주장이나 의견을 써내는 논설'을 말한다. 논설은 '어떤 주제에 관하여 자기의 의견과 주장을 조리 있게 설명하는 글'을 의미한다. 논설과 사설, 소논문은 서로 참 많은 부분이 닮았다.

이곳에서는 소논문의 사촌 격이라 할 수 있는 사설을 먼저 알아두고, 그런 다음 미리 소논문을 체험할 것이다.

62

가장 먼저 해야 할 것은 '사설 읽기'이다. 사설은 신문의 마지막 장 바로 앞에 있는 2페이지에 있다. 그 사설 중에서 본인이 읽고 싶은 또는 관심이 가는 내용을 가위로 오려낸 다음 읽어보자.

여기서 궁금한 것은 무엇을 어떻게 읽느냐는 것이다.

핵심문장의 답은 사설에 있다

이번 챕터의 제목이다. 사설에서 핵심문장을 찾는 연습을 하면 어휘력과 논리력에 더해 문장력까지 완성된다. 사설의 핵심문장을 찾는 법, 알고 보면 생각보다 쉽다. 다음 기사 내용을 예로 설명하겠다. 2016년 4월 5일자《중앙일보》사설이다.

비례대표제도는 각 정당의 득표수에 비례해 국회의원 당선자를 결정하는 방식으로, 보통 단독적으로 채택되기보다 선거구 단위로 후보들이 경쟁해 당선자를 결정하는 방식과 병행 실시되는 제도이다. 그동안 우리나라에서는 지역구에 대별되는 전국구 개념으로 각 선거구에 입후보한 각 정당 후보들의 득표를 전국적으로 합계해 그 비율에 따라 비례대표 의석을 배분하는 방법을 사용해왔다. 그러나 이 제도가 위헌 결정을 받음에 따라 우리나라에서는 제17대 국회의

원 선거부터 지역 단위의 선거구에 입후보한 후보들에 대한 투표와 별도로 정당 지지 투표를 실시해 그 득표율에 따라 배분하는 방식으로 변경해 시행하고 있다. 즉, 자력으로는 국회 진입이 힘든 소외계층이나 약자들 그리고 전문가 집단을 진출시켜 국민에게 필요한 입법 활동을 하기 위해 채택된 제도이다.

그러나 현재 우리나라에서는 이런 비례대표제도의 본래 취지와는 거리가 멀게 운용되고 있다는 비판의 소리가 높다. 이번 20대 국회의원 총선거에서도 여야를 막론하고 비례대표 공천을 둘러싼 갈등 양상을 보면 여전히 제도의 본래 취지와는 전혀 다른 차원에서 전개되고 있음을 알 수 있다. 당내 계파 간 나눠 먹기 또는 정치적 목적으로 영입한 인사들에게 자리를 배분하는 수단 등으로 오용되고 있기 때문이다. 이런 문제점은 각 정당의 비례대표 국회의원 후보자 공천 과정에서도 그대로 드러나고 있어 향후 대한민국 정치 개혁의 중요한 과제 중 하나라고 할 수 있다.

이 사설의 핵심문장을 찾으려면 문단의 개념을 정확히 알아야 한다. 문단이란 '문장의 단락'을 의미한다. 글에서 하나로 묶을 수 있는 짤막한 단위로 이해하면 된다.

가장 쉽게 구분할 수 있는 방법은 첫 문장이 들여쓰기가 된 문장인지 아닌지를 보는 것이다. 들여쓰기는 새로운 문단이 시작되는 것을 표시하기 위해 문단의 처음 왼쪽 글머리에 1칸을 비워두고 글을 쓴다.

이 사설은 2개의 문단으로 나뉜다. 첫 번째 문단은 '비례대표제도는 ~ 입법 활동을 하기 위해 채택된 제도이다'까지이다. 두 번째 문단은 '그러나 ~ 하나라고 할 수 있다'까지이다. 그렇다면 핵심문장과 문단은 어떤 관계이기에, 문단을 찾아야만 핵심문장을 찾을 수 있는 걸일까?

핵심문장은 문단의 뼈대라고 할 수 있다. 하나의 문단에는 하나의 핵심문장이 있다. 나머지 부분은 핵심문장을 뒷받침하는 역할이다.

소논문과 사설 등 논리적인 글쓰기가 요구되는 분야는 크게 3가지 방식의 글쓰기가 존재한다. 두괄식, 미괄식, 양괄식이다.

두괄식은 핵심문장이 서두에 위치하는 글쓰기이다. '내가 가장 강조하고 싶고 말하고 싶은 내용을 앞 문장에 배치하는 방식'이라고 생각하면 된다.

미괄식은 그 반대이다. 핵심문장이 문단이나 글의 끝부분에 온다.

양괄식은 두괄식과 미괄식을 합친 방식이다.

한 연구에 따르면 논문방식 글쓰기의 70퍼센트 이상은 두괄식, 나머지 30퍼센트는 미괄식이라고 한다. 따라서 제대로 된 소논문을 쓰려면 두괄식과 미괄식에 익숙해져야 한다.

비록 초등학생 중학생부터 시작하는 미리 소논문이라 할지라도, 최대한 논문과 유사한 형태로 쓰는 연습을 시작해야 한다. 이제는 두괄식과 미괄식의 특징을 생각하며 다시 한 번 앞의 사설을 읽어보자.

비례대표제도는 각 정당의 득표수에 비례해 국회의원 당선자를 결정하는 방식으로, 보통 단독적으로 채택되기보다 선거구 단위로 후보들이 경쟁해 당선자를 결정하는 방식과 병행 실시되는 제도이다. 그동안 우리나라에서는 지역구에 대별되는 전국구 개념으로 각 선거구에 입후보한 각 정당 후보들의 득표를 전국적으로 합계해 그 비율에 따라 비례대표 의석을 배분하는 방법을 사용해왔다. 그러나 이 제도가 위헌 결정을 받음에 따라 우리나라에서는 제17대 국회의원 선거부터 지역 단위의 선거구에 입후보한 후보들에 대한 투표와 별도로 정당 지지 투표를 실시해 그 득표율에 따라 배분하는 방식으로 변경해 시행하고 있다. 즉, 자력으로는 국회 진입이 힘든 소외계층이나 약자들 그리고 전문가 집단을 진출시켜 국민에게 필요한 입법 활동을 하기 위해 채택된 제도이다.

그러나 현재 우리나라에서는 이런 비례대표제도의 본래 취지와는 거리가 멀게 운용되고 있다는 비판의 소리가 높다. 이번 20대 국회의원 총선거에서도 여야를 막론하고 비례대표 공천을 둘러싼 갈등 양상을 보면 여전히 제도의 본래 취지와는 전혀 다른 차원에서 전개되고 있음을 알 수 있다. 당내 계파 간 나눠 먹기 또는 정치적 목적으로 영입한 인사들에게 자리를 배분하는 수단 등으로 오용되고 있기 때문이다. 이런 문제점은 각 정당의 비례대표국회의원 후보자 공천 과정에서도 그대로 드러나고 있어 향후 대한민국 정치 개혁의 중요한 과제 중 하나라고 할 수 있다.

편의를 위해 핵심문장을 표시해두었다. 그랬더니 양괄식 문장인 것을 알게 되었다. 이런 방식으로 핵심문장을 찾으면 된다.

첫 번째 문단의 핵심문장은 '비례대표제도는 각 정당의 득표수에 비례해 국회의원 당선자를 결정하는 방식'과 '자력으로는 국회 진입이 힘든 소외계층이나 약자들 그리고 전문가 집단을 진출시켜 국민에게 필요한 입법 활동을 하기 위해 채택된 제도'이다. 앞과 뒤에 핵심문장이 있다.

두 번째 문단의 핵심문장은 '현재 우리나라에서는 이런 비례대표제도의 본래 취지와는 거리가 멀게 운용되고 있다는 비판의 소리가 높다'와 '향후 대한민국 정치 개혁의 중요한 과제 중 하나라고 할 수 있다'이다.

여기까지 읽었다면 다음과 같은 궁금증도 생길 법하다.

'내가 제대로 핵심문장을 찾았는지 아닌지 어떻게 알 수 있을까?'

방법은 간단하다. 앞에서 핵심문장은 '문단의 뼈대'라고 했다. 뼈는 연골 등으로 연결되어 있다. 핵심문장도 마찬가지이다. 핵심문장끼리 연결했을 때 자연스러운 1편의 글이 되느냐 아니냐 하는 것으로 판단하면 된다.

이 기사에서 찾은 사설의 핵심문장을 연결해보면 다음과 같은 글이 된다.

> 비례대표제도는 각 정당의 득표수에 비례해 국회의원 당선자를 결정하는 방식이다. 자력으로는 국회 진입이 힘든 소외계층이나 약자들 그리고 전문가 집단을 진출시켜 국민에게 필요한 입법 활동을 하기 위해 채택된 제도이다.
>
> 현재 우리나라에서는 이런 비례대표제도의 본래 취지와는 거리가 멀게 운용되고 있다는 비판의 소리가 높다. 향후 대한민국 정치 개혁의 중요한 과제 중 하나라고 할 수 있다.

핵심문장만 연결해서 읽어도 자연스럽다. 핵심문장 제대로 잘 찾았다는 의미이다.

이런 방식으로 매일 1~3개 사설을 읽고 핵심문장을 찾는 연습을 하는 것이 좋다. 중학생은 1개, 고등학생은 2~3개 정도의 사설이 적당하다.

이 정도만 해도 훌륭하지만, 핵심문장 찾기 훈련의 효과를 더 높이고 싶다면 '핵심문장 사설노트'를 만들기를 권한다. 핵심문장을 찾은 후 노트에 핵심문장을 옮겨 쓰는 것이다. 이것은 훗날 고등학교 때 학생부종합전형을 위한 스펙이 되거니와, 국어 어휘력을 높여주는 데에도 좋은 방법이다.

소논문을 쓰는 궁극적인 이유는 학생부종합전형으로 상위권 대학에 입학하기 위해서이다. 학생부종합전형의 3대 합격 변수는 다음과 같다.

- 교과 성적

- 비교과성적

- 자기소개서

소논문 쓰기는 비교과성적에 해당한다. 소논문이 점점 대중화되어가는 요즘, 어떻게 해야 나를 차별화할 수 있을까? 그 차별화의 답이 '사설노트'라는 것이다.

소논문은 사설과 친척뻘 되는 글쓰기이다. 학생부에 소논문만 기록하는 게 아니라 '3년간 매일 3개씩 사설을 읽으며 핵심문장을 찾고, 이를 꾸준히 개인 노트에 기록해 논리력을 길렀으며, 이는 국어성적이 놀라울 정도로 상승하는 데 도움이 됐다'라는 코멘트가 함께 있다면 어떤 생각이 들까?

이쯤에서 독자 여러분이 궁금해할 질문 2가지가 예상된다. 먼저 첫 번째 예상질문이다.

신문사설 핵심문장을 찾기 위해 신문을 구독해야 하나요?

신문사에는 무척이나 미안한 대답이지만, 필자는 늘 '그럴 필요가 없다'고 대답한다. 사설은 신문사 홈페이지에서 얼마든지 무료로 볼 수 있고 출력도 할 수 있기 때문이다.

두 번째 예상질문은 다음과 같다.

어떤 신문을 읽어야 할까요?

신문은 크게 진보와 보수 그리고 중도의 3가지 논조로 나눌 수 있다. 신문사별 논조에 따라 사설의 내용이 판이하게 달라진다. 예컨대 '재벌들의 운전기사 갑질이 큰 논란'을 주제로 삼아보자.

진보 성향의 신문에는 이 같은 내용이 실린다.

재벌들의 갑질 나쁘다. 사회적 · 제도적으로 재벌들의 이런 갑질이 나타나지 않도록 대책을 세워야 한다

이에 반해 보수 성향의 신문에는 이 같은 내용이 실린다.

재벌들의 갑질이 나쁘지만 그렇다고 마녀사냥식으로 흘러가서는 한국경제에 득이 될 것이 없다

이러다 보니 고민이 생길 수밖에 없다. 그렇다면 어떻게 해야 할까? 필자는 이런 해결책을 내주고 싶다.

"오늘은 진보, 내일은 보수."

이렇게 번갈아 보더라도 이왕이면 같은 주제로 선택하는 편이 좋다. 앞에서도 말했지만 입장에 따라 전혀 다른 주장이 전개되기 때문

이다. 그 둘을 비교하면서 논리력과 더불어 세상을 보는 눈도 키울 수 있다.

　마지막으로 하나만 더 강조한다. 사설은 '어휘의 보고'라 할 수 있다. 아주 다양한 사회, 정치, 경제, 과학, 기술 등의 주제를 다루기 때문에 학생들이 이해하기 힘든 전문용어가 많다.

　그러므로 읽으면서 뜻이 애매하거나 무슨 말인지 모를 때는 앞에서 말한 어휘노트에 기록하는 습관을 들이자. 이 습관은 훗날 대학 입시를 위해 수능을 볼 때, 특히 국어영역에서 큰 힘을 발휘한다.

　학생들은 대개 비문학 독서 지문을 어려워한다. 왜냐하면 인문, 사회, 철학, 예술, 과학, 기술 등 전문적인 내용이 등장하기 때문이다. 등장하는 어휘도 전문적이다. 지문을 읽는 것도 힘들지만 읽어도 이해가 안 되는 내용이 많다. 사설을 읽으면서 자신이 모르는 어휘를 챙겨 본다면 수능 국어영역 비문학 독서 지문을 푸는 데 절대적으로 도움이 될 것이다.

핵심문장만큼 중요한 것은
바로 제목이다

핵심문장을 찾았다면 이제는 직접 제목을 달아보는 연습을 해야 한다. 사설을 읽는 목적은 어휘력과 문장력 그리고 논리력을 키우기 위해서이다. 같은 의미에서 핵심문장을 찾은 후 직접 제목을 뽑아보는 것은 어휘력과 문장력, 논리력에 아주 큰 도움을 준다.

지금부터 핵심문장을 찾은 후 제목을 뽑는 방법을 살펴보겠다. 제목을 뽑으려면 다음의 3가지 요건을 지켜야 한다.

1. 간결하면서도 임팩트가 있을 것

2. 사람들의 눈길을 끌어낼 것

3. 핵심문장의 키워드를 포함할 것

다시 한 번 앞에서 다루었던 사설을 보자.

비례대표제도는 각 정당의 득표수에 비례해 국회의원 당선자를 결정하는 방식으로, 보통 단독적으로 채택되기보다 선거구 단위로 후보들이 경쟁해 당선자를 결정하는 방식과 병행 실시되는 제도이다. 그동안 우리나라에서는 지역구에 대별되는 전국구 개념으로 각 선거구에 입후보한 각 정당 후보들의 득표를 전국적으로 합계해 그 비율에 따라 비례대표 의석을 배분하는 방법을 사용해왔다. 그러나 이 제도가 위헌 결정을 받음에 따라 우리나라에서는 제17대 국회의원 선거부터 지역 단위의 선거구에 입후보한 후보들에 대한 투표와 별도로 정당 지지 투표를 실시해 그 득표율에 따라 배분하는 방식으로 변경해 시행하고 있다. 즉, 자력으로는 국회 진입이 힘든 소외계층이나 약자들 그리고 전문가 집단을 진출시켜 국민에게 필요한 입법 활동을 하기 위해 채택된 제도이다.

그러나 현재 우리나라에서는 이런 비례대표제도의 본래 취지와는 거리가 멀게 운용되고 있다는 비판의 소리가 높다. 이번 20대 국회의원 총선거에서도 여

제목을 뽑아내려면 핵심문장에서 핵심 키워드를 추려야 한다. 이 사설의 핵심문장은 다음과 같다.

· 첫째 문단

비례대표제도는 각 정당의 득표수에 비례해 국회의원 당선자를 결정하는 방식이다. 자력으로는 국회 진입이 힘든 소외계층이나 약자들 그리고 전문가 집단을 진출시켜 국민에게 필요한 입법 활동을 하기 위해 채택된 제도이다.

· 둘째 문단

현재 우리나라에서는 이런 비례대표제도의 본래 취지와는 거리가 멀게 운용되고 있다는 비판의 소리가 높다. 향후 대한민국 정치 개혁의 중요한 과제 중 하나라고 할 수 있다.

첫째 문단의 핵심키워드를 찾아보는 데에서 시작하자. 첫째 문단은 비례대표제도의 설명으로 시작해서 비례대표제도의 설명으로 끝이 난다. 둘째 문단의 핵심키워드는 2가지로, '비판의 소리' '정치 개혁의 중요한 과제'이다.

이제는 핵심키워드를 가지고 2개씩 짝을 지은 다음, 그중에서 마음에 드는 하나를 골라본다. 앞에서 찾은 핵심키워드는 총 3개였다.

1. 비례대표제도

2. 비판의 소리

3. 정치 개혁의 중요한 과제

'비례대표제도'와 '비판의 소리' 중 하나를 선택해야 한다면 어떤 것을 선택하겠는가?

필자는 비례대표제도를 선택하겠다. 왜냐하면 위 사설이 비례대표제도에 대한 내용이기 때문이다.

'비례대표제도'와 '정치 개혁의 중요한 과제' 중에는 어떤 것을 선택하겠는가?

필자라면 또다시 비례대표제도를 선택하겠다. 이유는 같다.

앞에서 제목을 뽑는 3가지 원칙을 이야기했다. 그중 하나가 '핵심 문장의 키워드를 선택할 것'이었다. 3개 중 하나는 끝났다. 이제 '간결하면서도 임팩트가 있을 것' '사람들의 눈길을 끌어낼 것'의 2개가 남았다.

많은 경우, 학생들은 소논문에 딱딱하고 천편일률적인 제목을 붙인다. 대부분 〈~에 관한 연구〉로 끝난다.

계속해서 강조하지만, 소논문도 대중화되는 추세이다. 그러므로 나를 차별화할 수 있는 더 다양한 시도가 필요해졌다. 소논문 제목이 기발해서 절대 나쁠 것은 없다.

학생부종합전형을 담당하는 대학의 교직원들과 입학사정관들은 학생부와 자기소개서 등의 서류를 검토하다 보면 공통적으로 '지루하다'는 말을 한다. 학생부나 자기소개서에서 눈길을 끄는 뭔가가 부족하다는 것이다.

실제 사례를 하나 소개하겠다. 모 대학 입학사정관과 자기소개서에 관련해서 이런저런 이야기를 하던 중이었다. 그때 우연히 가장 인상 깊었던 자기소개서에 대한 이야기가 나왔다.

"사정관님, 가장 기억에 남는 자기소개서는 어떤 거였어요?"

"자기소개서 중에 '나는 인간쓰레기였다'로 시작되는 글이 있었는데, 그게 가장 기억에 남아요."

"진짜로 그런 자기소개서가 있었단 말입니까?"

"네. 여느 때처럼 산처럼 쌓여 있는 자기소개서를 기계적으로 읽고 있는데, 갑자기 '나는 인간쓰레기였다'라는 상상 이상의 문장이 나오니 정신이 확 깨지 뭡니까."

상당히 놀라운 답이었다. 내가 입학사정관이라고 상상해보자.

고만고만한 내용으로 가득한 자기소개서에서 남과 다른 임팩트가 강한 문장이 있다. 어떻게 할 것 같은가? 타인의 관심을 받고 싶어 하는 별종이므로 쓰레기통에 버릴 것인가, 아니면 '뭘 했기에 인간쓰레기라고 하지?'라고 궁금해하면서 관심 있게 읽어볼 것 같은가?

대부분 후자를 선택할 것이다. 그 사정관도 마찬가지였다.

"응? 인간쓰레기였다는데 어떻게 합격을 했어요? 내신등급은 쓰레기가 아니었나 보네요?”

“아뇨. 처음에는 그저 재밌는 친구라고만 생각했어요. 그런데 그 자기소개서를 끝까지 읽고 싶어지더라고요. 실제로 읽어보니 결론은 인간쓰레기가 아니었어요. 한때는 그런 삶을 살았지만 부모님의 눈물로 정신을 차렸고, 뒤늦게 공부에 재미를 느껴 성적도 많이 올랐더군요. 어떤 친구인지 얼굴이라도 보고 싶어져서 면접에 합격시켰어요.”

그래서 이 학생은 과거의 자신을 ‘인간쓰레기였다’라는 ‘과거형’으로 표현했던 것이다. 그리고 자기소개서에 ‘과거에는 그랬지만 지금은 이렇게 극복했다. 오히려 그런 과정을 통해 나는 1단계 더 성숙했다’는 메시지를 담았다. 그리고 그 인간쓰레기 친구는 최종 합격의 기쁨을 누리게 되었다고 한다.

수시전형 기간이 되면 입학사정관들은 매일 수십 건의 학생부와 자기소개서를 검토한다. 화장실 갈 시간도 부족할 정도이다.

이때 눈에 띄게 기발한 제목의 소논문이 있다면 어떨까? 아마도 ‘소논문 제목이 독특하네? 뭐하는 학생이지?’ 하면서 좀 더 관심을 가지고 살펴보게 될 터이다. 이것이 바로 지금 우리가 제목 뽑는 연습을 하는 이유이다.

마지막으로 '간결하면서도 임팩트가 있을 것'에 대해 살펴보자.

긴 제목은 눈길을 끌기 어렵다. 임팩트를 주지 못한다. 아무리 좋은 글과 소논문을 작성해도 관심을 얻기 힘들어진다. 간결하면 임팩트도 따라온다. 앞에서 말한 제목 뽑기 3가지 원칙으로 다시 한 번 확인하고, 제목을 뽑아보자. 이 시점에서 필자가 뽑은 제목을 공개한다.

비례대표제도, 할 거면 제대로 하자!

이 제목의 특징을 살펴보자. 〈비례대표제도, 할 거면 제대로 하자!〉에는 앞에서 말한 제목 뽑기 3가지 원칙이 모두 담겨 있다.

1. 간결하면서도 임팩트가 있을 것

2. 사람들의 눈길을 끌어낼 것

3. 핵심문장의 키워드를 포함할 것

이 책을 읽는 초등학생과 중학생이 이 같은 제목을 뽑는 건 아직 어려울 터이다. 그래도 어쩔 수 없다. 지금까지 강조한 내용을 토대로 매일같이 고민해보자. 그런 노력이 쌓일 때, 그렇게 소논문을 쓸 때, 그때 남들과는 다른 제목으로 차별화할 수 있기 때문이다.

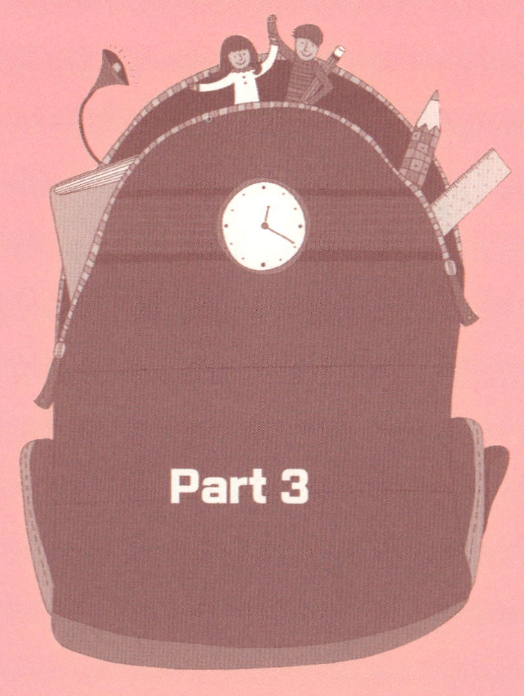

Part 3

논리적인 글쓰기는 W에서 출발한다

이 책의 목적은 논리적인 사고력과 글쓰기 훈련을 통해 고등학생이 된 이후에 별다른 거부감과 어려움 없이 소논문을 쓸 수 있도록 하는 데 있다. 따라서 본격적인 소논문 형식의 글쓰기를 원한다면《진짜 공신들만 보는 대표 소논문》을 참고하길 바란다.

소논문은 4년제 대학교를 졸업한 성인들에게도 결코 쉽지 않은 작업이다. 뒤집지도 못하는 아기가 걸을 수는 없는 노릇이다. 특히 논리적인 글쓰기는 꾸준함과 인내가 필요한 작업이다. 따라서 조급함은 독이라고 이야기하고 싶다.

이 챕터의 제목은 '논리적인 글쓰기는 W에서 출발한다'이다. 여기서 W가 뜻하는 의미는 무엇일까? 바로 5W1H(육하원칙)이다.

Why: 왜 그것이 필요한가?

What: 그 목적은 무엇인가?

Where: 어디서 하는 것이 좋은가?

When: 언제 하는 것이 좋은가?

Who: 누가 가장 적격인가?

How: 어떤 방법이 좋은가?

5W1H는 학위논문, 소논문, 기사, 논설문 등 각종 논리적인 글쓰기에 있어 기본적인 뼈대가 되는 핵심이다. 논리적인 글쓰기는 모두 이런 원칙하에 탄생한다. 하지만 초등학생이나 중학생을 대상으로 한다면 5W1H보다는 1W1H를 추천하고 싶다. 바로 Why와 How다.

더욱 쉽게 이해할 수 있도록 친숙한 애니메이션 캐릭터를 등장시키려 한다. 주인공은 바로 〈보글보글 스폰지밥〉에 등장하는 스폰지밥, 뚱이다. 그리고 가상의 인물로 초등학교 6학년인 '공신이'도 필요하다.

Why?

공신이는 〈스폰지밥〉 마니아이다. 〈스폰지밥〉 시리즈는 안 챙겨 본 것이 없을 정도였다. 부모님은 〈스폰지밥〉 애니메이션만 챙겨 보는 공신이가 불만이다. 도통 공부에는 관심이 없는 것 같아서이다.

그러던 어느 날, 학교에서 관찰보고서 대회를 개최한다는 가정통신문이 왔다. 주제는 자유였다.

처음에는 하기 싫다고 난리를 피우던 공신이가 부모님의 비밀스런 제안에 갑작스레 입장을 바꿨다. 그 이유는 바로 다음과 같았다.

“공신아, 우리 〈스폰지밥〉 애니메이션을 주제로 한 관찰보고서를 써볼까?”

보통은 ‘애니메이션을 주제로 관찰보고서를 쓰다니, 제정신이야?’라는 반응을 보이겠지만, 무엇을 주제로 하든 상관없이 논리적인 글쓰기의 첫 단계는 바로 관심분야를 찾는 것이다. 관심분야라면 뭘 해도 재미있고 흥미롭기 때문이다.

예전에 한 유명한 드라마에서 일명 ‘빠순이’의 장점을 이야기하는 대목이 있었는데, 공감 가는 점이 있었다. 동경하는 오빠를 욕보이지 않기 위해 열공을 한다는 것이다. 예컨대 오빠에게 빠져 공부를 소홀히 한다면 엄빠(엄마와 아빠)로부터 애꿎은 오빠가 한 소리를 듣게 될 것이고, 그런 상황은 자존심이 용납하지 않는다. 그렇기 때문에 열심히 공부를 했고, 그러다 보니 의사가 되어 있더라는 훈훈한 이야기였다.

애니메이션 또는 만화책, 심지어는 게임까지도 논리적 사고력을 키우는 데 훌륭한 교과서가 될 수 있다. 필자는 매년 고3 학생들의 자기소개서를 첨삭해주는데, 개중에는 게임을 통해 물리학과 역사를 공부해 1등급을 받은 수험생의 사례도 있었다. 이런 말이 있다.

세상 모든 것이 스승이다

필자는 이렇게 고치고 싶다.

논리적 사고력을 기르려면 세상 모든 것이 스승이다

어떻게 가능한지는 뒤에서 자세히 설명하겠다. 관심분야를 찾았다면 그다음은 의문점(Why)을 찾는 단계이다.

모든 논리적인 글쓰기는 의문점을 바탕으로 출발한다 해도 과언이 아니다. 논문과 소논문, 기사, 논설문 모두 의문점, 즉 궁금함에서 출발한다. 궁금하기 때문에 참고문헌을 찾아 논문을 쓰는 것이고, 궁금하기 때문에 취재를 통해 기사를 쓰는 것이다.

다시 〈스폰지밥〉 애니메이션으로 돌아 가보자. 공신이는 평소 〈스폰지밥〉 애니메이션을 보면서 몇 가지 궁금증이 있었다. 관찰보고서를 쓰기 위해 그 궁금증을 리스트에 적어보니 다음과 같았다.

공신이의 궁금증 리스트

[궁금증 1] 스폰지밥은 왜 노란색인가?

[궁금증 2] 징징이는 스폰지밥을 그렇게 싫어하면서도 왜 이사를 안 가는가?

[궁금증 3] 스폰지밥의 월급은 얼마일까?

[궁금증 4] 집게사장이 짠돌이인 이유는 무엇인가?

[궁금증 5] 집게사장은 게(crab)인데 딸은 왜 고래인가?

[궁금증 6] 집게사장과 플랑크톤은 왜 친구에서 적이 되었을까?

[궁금증 7] 스폰지밥은 왜 네모바지만 입는 것일까?

[궁금증 8] 뚱이는 직업이 없는데 어디서 돈이 생겨 게살버거를 사 먹을까?

공신이는 자신이 정리한 8가지 궁금증을 토대로 관찰보고서를 써 나가고자 한다. 아마 〈스폰지밥〉 애니메이션을 본 부모님과 학생이라면 충분히 공감할 내용이라 생각한다. 사실 필자도 궁금한 내용이다.

자, 이제 관심분야와 Why가 정리되었으니 이제는 How를 고민해야 할 차례가 왔다. How는 Why를 어떻게 해결할 것인가에 대한 방법론이다.

How?

공신이의 8가지 궁금증을 해결해야 할 차례이다. 만약 내가 공신이 또는 공신이 부모님이라면 어떻게 해결할 것인가?

인터넷포털사이트에 질문을 하거나 아니면 인터넷 검색을 통해서 해당 질문을 해결할 것이다. 필자가 원하는 답도 마찬가지이다. 다만 다른 것이 있다면 인터넷에만 의존하지 않는 다는 것이다.

How는 자신의 궁금증을 해결하는 단계이다. 따라서 자신의 궁금증을 해결할 수 있는 답을 찾아내야 한다. 그 답은 인터넷에만 있지 않다. 책에도 있고 박물관에도 있고 때로는 도서관에서도 찾을 수 있다.

인터넷에만 의존하는 것은 여러 가지 측면에서 좋지 않다. 인터넷에 유통되는 자료 중 많은 숫자가 잘못되어 있거나 부적절한 정보를 담고 있는 경우가 많다.

그리고 인터넷 자료는 생각이라는 스위치를 끄게 만드는 단점이 있다. 독서는 생각을 만들지만 인터넷 자료는 생각을 없앤다. 필자가 어린 시절에는 텔레비전을 보고 '바보상자'라고 불렀는데, 요즘은 인터넷을 '바보상자'라고 불러야 하는 상황이다. 따라서 인터넷은 참고용으로만 활용한다.

여기까지 설명하고 질문을 받는다면 아마도 이렇게 물어볼 것 같다.

취지는 공감한다. 필자의 설명대로 인터넷은 참고용으로만 활용한다고 하자. 하지만 문제는 〈스폰지밥〉 애니메이션에 대한 자료를 어디서 구하냐는 것이다. 공신이가 〈스폰지밥〉 애니메이션에 대해 정리한 궁금증에 참고할 만한 관련 자료가 과연 있기는 한가?

이 질문에 대한 해결책은 바로 '가설'이다. 가설은 어떤 사실을 설명하거나 어떤 이론 체계를 추리하기 위하여 설정한 가정이다. 이 책에서 예를 들고 있는 사례와 같이 참고힐 만한 자료를 찾기 힘든 경우는 가설을 활용하는 것이 논리적인 글쓰기의 뼈대를 이루는 데 도움이 된다.

가설에 대한 의미를 좀 더 쉽게 정리하자면 '시나리오'를 쓰는 것이라 할 수 있다. 여러 가지 시나리오를 만든 다음, 그 시나리오를 논리적으로 하나하나 검증해나가다 보면 마침내 아주 논리적이고 체계적이며 놀랄 만한 인사이트(통찰)를 담은 글쓰기가 완성되는 것이다.

스폰지밥은 왜 노란색인가?

공신이가 정리한 궁금증 8가지로 실습하면 좀 더 이해가 쉬울 것이다. 우선 공신이의 1번 궁금증인 '스폰지밥은 왜 노란색인가?'부터 보자.

우선 가설을 세워야 한다. 가설은 많으면 많을수록 좋다. 가설은 시나리오를 쓰는 것이라고 설명했다. '스폰지밥은 왜 노란색인가?'라는 주제에 어울리는 가설을 함께 생각해보자. 공신이는 고민 끝에 다음과 같은 3가지 가설을 세웠다.

[궁금증 1] 스폰지밥은 왜 노란색인가?

가설 1. 눈에 잘 띄기 위해서

가설 2. 노란색 스폰지를 생산하는 회사의 후원을 받고 있어서

가설 3. 노란색 스폰지가 가장 흔한 색깔의 스폰지라서

이 3가지 가설에 대한 논리적인 분석과 검증을 하겠다. 그러기에 앞서 다시 한 번 소논문에 대해 정의를 내려보자. 소논문은 '학문과 지적 호기심을 다양한 참고자료를 통해 설명 또는 주장을 하는 논증적 글쓰기'이다.

여기서 주목해야 할 것은 '주장을 하는 논증적 글쓰기'라는 부분이다. 다르게 표현하면 '정답이 없다'는 뜻이다. 주장은 사람의 생각에 따라 다를 수 있기 때문이다. 곧 상대방이 자신의 주장에 납득할 수 있도록 설득력 있는 참고자료를 제시하면 소논문이 완성된다는 의미이다. 이 점을 염두에 두고 '스폰지밥은 왜 노란색인가?'에 대한 가설을 풀어가자.

가설 1은 '눈에 잘 띄기 위해서'였다. 이 가설을 논리적으로 설득하려면 무엇이 필요할까?

필자는 '노란색이 가장 눈에 잘 띄는 색깔인가?'에 대한 자료를 찾으려 한다. 스폰지밥이 노란색인 이유가 눈에 잘 띄기 위해서라는 가설을 입증하려면, 노란색이 빨간색이나 초록색 등 다른 색깔보다 더 눈에 잘 띄는지 아닌지를 살펴보면 되기 때문이다.

그렇다면 어떻게 살펴봐야 할까? 필자라면 설문조사를 해볼 것이다. 우리가 흔히 알고 있는 색깔의 스폰지밥 말고도 빨간 색상의 스폰지밥, 초록 색상의 스폰지밥을 예시로 보여준 뒤 '어떤 색상의 스폰지밥이 가장 눈에 잘 띄는가?'라는 질문을 던지겠다.

설문조사는 많으면 많을수록 좋지만, 어디까지나 논리적인 사고력과 글쓰기 능력을 키우기 위한 교육적인 목적이면 가족을 대상으로 진행하는 것이 가장 현실적이다(좀 더 스마트한 설문조사 방법이 궁금하다면 '스마트한 방법으로 설문조사를 해보기'를 참고한다). 공신이는 가족을 대상으로 진행한 설문조사에서 만장일치로 '노란색 스폰지밥이 가장 눈에 잘 띈다'는 결과를 얻었다.

이제는 2번째 가설인 '노란색 스폰지를 생산하는 회사의 후원을 받고 있어서'에 대한 검증에 나설 차례이다.

1번 가설을 검증하는 절차와 마찬가지로 '노란색 스폰지만 생산하는 회사가 있는지'를 찾아본다. 공신이는 인터넷 쇼핑몰에 접속해서 노란색 스폰지를 검색해봤다. 그랬더니 정말 다양한 회사에서 노란색 스폰지 상품을 팔고 있었다. 따라서 2번 가설은 설득력이 없다는 것을 알 게 되었다.

마지막으로 3번째 가설 '노란색 스폰지가 가장 흔한 색깔의 스폰지라서'를 검증해보자. 이 가설을 풀려면 어떤 방법이 효과적일까?

여러 방법이 떠오르겠지만 필자는 1번과 마찬가지로 설문조사를 해보겠다.

설문조사의 내용은 '스폰지 하면 가장 먼저 떠오르는 색깔은 무엇입니까?'이었다. 공신이의 가족은 역시나 만장일치로 '노란색'을 떠올렸다. 1번 궁금증에 대한 3가지 가설의 검증이 끝났다.

결과를 정리하면 다음과 같다.

궁금증 1. 스폰지밥은 왜 노란색인가?

가설 1. 눈에 잘 띄기 위해서

가. 검증결과: 그렇다.

나. 이유: 노란색+빨간색+초록색 스폰지밥을 보기로 준 후 '어떤 색상의 스 폰지밥이 가장 눈에 잘 띄는가?'라는 질문을 한 결과 노란색이 가장 눈에 잘 띈 다는 의견이 만장일치였기 때문이다.

가설 2. 노란색 스폰지를 생산하는 회사의 후원을 받고 있어서

가. 검증결과: 아니다.

나. 이유: 노란색 스폰지를 한 회사에서만 판매한다면 상품홍보를 위해 후원 을 할 가능성이 있겠지만, 인터넷 쇼핑몰에 접속해서 노란색 스폰지를 검색해 봤더니 정말 다양한 회사에서 노란색 스폰지 상품을 팔고 있었기 때문에 전혀 설득력이 없다.

가설 3. 노란색 스폰지가 가장 흔한 색깔의 스폰지라서

가. 검증결과: 그렇다.

나. 이유: '스폰지 하면 가장 먼저 떠오르는 색깔은 무엇입니까?'에 대한 설 문조사를 했더니 모두가 '노란색'이라고 답을 했기 때문이다.

이렇게 정리된 가설을 순서대로 나열해주면 논리적인 글쓰기가 완성된다. 실제로도 그렇게 되는지 살펴보자.

제목: 스폰지밥은 왜 노란색인가?

〈보글보글 스폰지밥〉의 주인공인 스폰지밥은 노란색입니다. 나는 왜 스폰지밥이 노란색이어야 할까 그 이유가 궁금해졌습니다. 그래서 다음 3가지 가설을 생각했습니다.

가설 1. 눈에 잘 띄기 위해서

가설 2. 노란색 스폰지를 생산하는 회사의 후원을 받고 있어서

가설 3. 노란색 스폰지가 가장 흔한 색깔의 스폰지라서

'가설 1. 눈에 잘 띄기 위해서'를 검증하기 위해 노란색+빨간색+초록색 스폰지밥을 보기로 준 후 '어떤 색상의 스폰지밥이 가장 눈에 잘 띄는가?'라는 설문조사를 했습니다. 그 결과 응답자 모두가 '노란색이 가장 눈에 잘 띈다'라는 대답을 했습니다. 따라서 가설 1은 설득력이 있습니다.

하지만 '노란색 스폰지를 생산하는 회사의 후원을 받고 있어서'라는 가설 2는 설득력이 없는 것으로 나타났습니다. 왜냐하면 인터넷 쇼핑몰에 접속해서 노란색 스폰지를 검색해봤더니, 정말 다양한 회사에서 노란색 스폰지 상품을

팔고 있었기 때문입니다. 노란색 스폰지를 한 회사에서만 판매한다면 상품홍보를 위해 후원을 할 가능성이 있겠지만, 그것이 아니기 때문에 설득력이 전혀 없습니다.

마지막 '노란색 스폰지가 가장 흔한 색깔의 스폰지'라는 가설은 '스폰지 하면 가장 먼저 떠오르는 색깔은 무엇입니까?'에 대한 설문조사 결과 모두가 '노란색'이라고 답을 했기 때문에 설득력이 있다고 할 수 있습니다. 따라서 스폰지밥이 노란색인 이유는 '다른 색깔에 비해 눈에 잘 띄면서 가장 흔한 색깔의 스폰지이기 때문'이라고 결론을 내릴 수 있습니다.

어떤가? 문제 제기(스폰지밥은 왜 노란색인가?) → 가설 검증 → 결론(다른 색깔에 비해 눈에 잘 띄면서 가장 흔한 색깔의 스폰지이기 때문)이라는 그럴싸한 논리적인 글쓰기가 완성되었다.

어쩌면 '이게 무슨 논리적인 글쓰기냐? 억지가 아니냐?'라고 생각할 수도 있을 테지만, 논리적인 사고력과 글쓰기의 관점에서는 아주 훌륭하다고 평할 수 있다. 앞에서 소논문은 '주장을 하는 논증적 글쓰기'이며, '주장은 사람의 생각에 따라 다를 수 있고 따라서 상대방이 자신의 주장에 납득할 수 있도록 설득력 있는 참고자료를 제시하면 1편의 소논문이 완성된다'고 강조했기 때문이다.

징징이는 스폰지밥을 그렇게 싫어하면서도 왜 이사를 안 가는가?

이번에는 궁금증 3번 '징징이는 스폰지밥을 그렇게 싫어하면서도 왜 이사를 안 가는가?'에 대한 이야기를 해보겠다.

앞에서 '왜 그럴까'에 대한 나름의 가설을 세우라고 했다. 가설은 '이럴 것이다~'라고 추측하는 행위이다. 다양한 의견이 나올 수 있는 이유도 여기에 있다.

'징징이는 왜 이사를 안 갈까?'에 대한 가설은 어떤 것이 있을까? 자유롭게 한번 생각해보자. 필자는 아래와 같은 가설을 생각해봤다.

가설 1. 이사를 가고 싶지만 돈이 부족해서

가설 2. 이사를 가고 싶지만 지금 살고 있는 집이 안 팔려서

가설 3. 이사를 가도 정 때문에 다시 돌아오니까

3가지 가설을 하나씩 살펴보자.

가설 1은 '이사를 가고 싶지만 돈이 부족해서'이다. 이 가설은 징징

이가 돈이 없는 이유를 찾으면 해결된다. 돈이 없으면 돈을 벌기 위해 무엇인가를 해야 한다. 그 무엇인가가 무엇일까? 그렇다, 바로 일을 하는 것이다.

징징이는 짠돌이 집게사장 밑에서 일을 한다. 한 번은 너무나 짠 월급에 사표를 던지고 나갔다가 다른 일자리를 구하지 못해 거리의 노숙자 신세가 되었다. 그 모습을 본 스폰지밥이 징징이를 자신의 집으로 데려와 함께 사는 모습을 담은 에피소드도 있었다.

따라서 징징이는 '돈이 없다'라는 결론을 얻을 수 있다. 돈이 많다면 짠돌이 집게사장 밑에서 일을 할 필요가 없을 테니까 말이다.

'가설 2. 이사를 가고 싶지만 지금 살고 있는 집이 안 팔려서'를 살펴보자. 애니메이션을 빠짐없이 챙겨 봤다면 이 가설은 아주 쉬울 것이다.

징징이가 자신의 집을 팔려고 내놓았던 적이 있다. 하지만 징징이는 부동산 중개업자가 시끄럽고 유별난 스폰지밥과 뚱이를 보면 자신의 집이 안 팔릴 수도 있다는 불안감에, 스폰지밥과 뚱이에게 이렇게 거짓말을 했다.

"오늘은 평소와 반대로 하는 날이야."

이렇게 말하면 얌전해질 거라고 생각했지만, 그 둘은 엉뚱하게 오해를 해버렸다. 자신들과 징징이의 역할이 바뀐 것으로 오해한 것이다. 스폰지밥과 뚱이는 징징이 집에서 징징이 흉내를 냈다. 부동산 중개업자는 스폰지밥과 뚱이 때문에 화를 냈고, 결국 징징이의 집은 팔리지 않았다.

그러므로 이사를 가고 싶지만 지금 살고 있는 집이 안 팔려서라는 결론도 사실이라 할 수 있다.

가설 3은 '이사를 가도 정 때문에 다시 돌아오니까'라는 내용이다. 이 가설을 검증하려면 징징이가 실제로 그렇게 했는지를 확인하면 된다.

〈이사 간 징징이〉라는 에피소드가 있다. 스폰지밥과 뚱이에게서 벗어나고 싶었던 징징이는 자신과 같은 오징어가 사는 징징빌라로 이사를 간다. 처음에는 스폰지밥과 뚱이로부터 벗어난 기쁨에 즐거운 하루하루를 보내지만, 매일같이 반복되는 지루한 일상에 질려버려 다시 되돌아온다.

이 에피소드를 통해서 '징징이는 스폰지밥과 뚱이 때문에 이사를 했지만 미운 정, 고운 정이 다 들어서 결국에는 다시 돌아오더라'라는 사실을 알 수 있다.

3번 궁금증에 대한 3가지 가설의 검증이 끝났다. 그 결과를 정리하면 다음과 같다.

[궁금증 2] 징징이는 스폰지밥을 그렇게 싫어하면서도 왜 이사를 안 가는가?

가설 1. 이사를 가고 싶지만 돈이 부족해서

가. 검증결과: 그렇다.

나. 이유: 돈이 많다면 짠돌이 집게사장 밑에서 일할 필요가 없을 테니까.

가설 2. 이사를 가고 싶지만 지금 살고 있는 집이 안 팔려서

가. 검증결과: 그렇다.

나. 이유: 이사를 가기 위해 집을 내놓았지만 이웃인 스폰지밥과 뚱이 때문에 집이 팔리지 않기 때문이다.

가설 3. 이사를 가도 정 때문에 다시 돌아오니까

가. 검증결과: 그렇다.

나. 이유: 스폰지밥과 뚱이를 피해 징징빌라로 이사를 했지만 결국에는 다시 돌아왔다. 징징이 본인은 아니라고 하겠지만 같이 지내면서 미운 정, 고운 정이 들었나 보다.

이렇게 정리된 가설을 순서대로 나열해주면 논리적인 글쓰기로 완성이 된다고 했다. 이번에도 그런지 살펴보자.

> **제목: 징징이는 스폰지밥을 그렇게 싫어하면서도**
>
> **왜 이사를 안 가는가?**

징징이는 스폰지밥과 뚱이를 싫어합니다. 하지만 징징이는 이 둘을 그렇게 싫어하면서도 정작 이사는 가지 않습니다. 왜 그럴까? 나는 이유가 궁금해졌습니다. 그래서 다음의 3가지 가설을 생각했습니다.

가설 1. 이사를 가고 싶지만 돈이 부족해서

가설 2. 이사를 가고 싶지만 지금 살고 있는 집이 안 팔려서

가설 3. 이사를 가도 정 때문에 다시 돌아오니까

'가설 1. 이사를 가고 싶지만 돈이 부족해서'에 대한 내용은 설득력이 있습니다. 징징이는 짠돌이 집게사장 밑에서 일을 하고 있습니다. 만약 돈이 많다면 그럴 필요가 없을 겁니다. 집게사장에게 사표를 던지고 나갔지만 다른 일자리를 구하지 못해 노숙자 신세로 살아야 했던 것을 보아도 가설 1은 설득력이 있습니다.

'가설 2. 이사를 가고 싶지만 지금 살고 있는 집이 안 팔려서'에 대한 가설도 설득력이 있습니다. 이사를 가기 위해 집을 내놓았지만 이웃인 스폰지밥과 뚱이 때문에 집이 팔리지 않았기 때문입니다.

'가설 3 이사를 가도 정 때문에 다시 돌아오니까'라는 가설도 설득력이 있습니다. 징징이는 스폰지밥과 뚱이를 피해 징징빌라로 이사 갔지만 다시 돌아왔던 적이 있기 때문입니다. 징징이 본인은 아니라고 하겠지만 서로 같이 지내면서 미운 정, 고운 정이 많이 들었나 봅니다.

스폰지밥의 월급은 얼마일까?

월급은 일을 한 대가로 받는 돈이다. 스폰지밥은 집게리아에서 없어서는 안 될 직원이다. 집게버거가 잘 팔리는 이유는 스폰지밥의 정성이 가득 담겨 있기 때문이다. 스폰지밥은 일도 열심히 한다. 그래서 항상 모범사원상을 받는다.

그렇게 열심히 일하는 스폰지밥의 월급은 얼마일까? 스폰지밥이 얼마를 받는지는 구체적으로 알려진 바가 없다. 정말 궁금하다. 궁금증을 밝히려면 가설이 필요하다. 가설을 세우려면 자신의 창의성을 최대한 발휘해 '이럴 것이다~'라고 생각해야 한다.

'스폰지밥의 월급은 얼마일까?'에 대해 필자가 생각한 가설은 다음과 같다.

> 가설 1. 스폰지밥은 월급을 받지 않는다
>
> 가설 2. 스폰지밥의 월급은 장화 한 켤레 값이다
>
> 가설 3. 스폰지밥의 월급은 5센트이다

3가지 가설을 하나하나 살펴보자.

먼저 '스폰지밥은 월급을 받지 않는다'라는 가설 1을 검증해보자. 이 가설이 설득력을 얻으려면 무엇이 필요할까? 바로 집게사장을 분석하면 된다. 왜냐하면 스폰지밥은 집게사장이 고용하는 직원이기 때문이다.

사장은 직원을 고용해 일을 시키고 월급을 준다. 그러므로 집게사장이 출연한 에피소드 중 스폰지밥의 월급과 관련한 에피소드를 찾아보면 되겠다.

결론부터 말하면 이 가설은 설득력이 없다. 〈스폰지밥〉 애니메이션을 챙겨 본 경우라면 잘 알겠지만, 집게사장은 스폰지밥에게 '이번 달 월급에서 제한다'라는 표현을 자주 사용한다. '제한다' 표현은 '덜어낸다'라는 뜻이다. 즉 받아야 할 월급에서 일정 액수를 빼고 준다는 의미인 것이다.

따라서 스폰지밥은 월급을 받는 직원이다.

'스폰지밥의 월급은 검은 장화 한 켤레 값이다'라는 가설 2를 검증해보자. 〈삐걱대는 장화〉라는 에피소드를 보면 집게사장은 자신의 딸 진주에게 검은 장화를 선물로 주려 한다. 하지만 진주가 싫다고 하자 스폰지밥에게 월급 대신 줘버린다.

그럼 여기서는 검은 장화 한 켤레 값이 얼마인지를 확인하면 스폰지밥의 월급을 대략적으로 알게 될 것이다.

공신이는 인터넷으로 검은 장화의 가격을 알아보았다. 그랬더니

5,000원부터 수백만 원까지 가격이 다양했다. 이 가설을 통해 스폰지밥의 월급 수준은 5,000~수백만 원 사이라고 예상할 수 있다.

'스폰지밥의 월급은 5센트'라는 가설 3을 검증해보자. 애니메이션 중간에 스폰지밥이 집게사장이 들고 있는 10센트를 보고 '자신의 1년 연봉보다 많다'는 이야기를 한다. 또 다른 에피소드에는 '스폰지밥의 월급은 5센트'라는내용이 나온다.

미국 돈 1달러는 100센트이다. 따라서 10센트는 0.1달러라는 것을 알 수 있다. 1달러는 우리 돈 1,200원 정도니까, 10센트는 120원 정도라고 할 수 있다. 10센트가 자신의 1년 연봉보다 많다면 스폰지밥은 매달 10원 이하의 월급을 받는 것이 된다. 월급이 5센트라면 1달에 60원을 월급으로 받는다는 것이다.

이 2가지 가설만 보면 스폰지밥의 1달 월급은 최저 10~60원 사이라는 것을 알 수 있다. 그러나 이 월급으로 생활이 가능할까?

게살버거는 1개에 2달러이다. 스폰지밥이 게살버거를 사 먹으려면 3년간 월급을 하나도 쓰지 않고 모아야 한다. 그러나 스폰지밥이 돈을 내고 게살버거를 사 먹는 장면은 참 많이 나온다. 따라서 이 가설은 전혀 설득력이 없다.

그렇다면 이런 상황에서 논리적인 해답을 얻으려면 어떻게 해야 할까? 이럴 때야말로 부모님의 도움이 필요하다.

초등학생 중학생이 이 정도까지 논리적인 생각을 했다면 그 자체로 대단하다. 하지만 이 이상은 무리이다. 왜냐하면 사회적 경험이 없기 때문이다.

아이가 월급에 대해 묻는다면 부모님들은 어떻게 대답할 수 있을까? 이 경우에는 월급의 종류를 설명해야 할 것이다. 월급은 기본급 및 각종 수당으로 이루어져 있다.

이제 아이와 대화를 이어가보자.

"엄마, 스폰지밥 월급이 5센트라는데, 게살버거는 1개에 2달러예요. 스폰지밥이 월급으로 게살버거 1개를 사 먹으려면 3년을 모아야 하는데, 애니메이션을 보면 자주 사 먹잖아요? 도저히 이해가 안 돼요."

"공신아, 스폰지밥이 받는 월급 5센트는 아마도 기본급만을 말하는 것 같아."

"기본급이 뭐예요?"

"공신이는 아직 어려서 모르겠지만, 어른들이 받는 월급은 기본급과 각종 수당으로 나뉘어 있단다. 기본급은 말 그대로 기본적으로 주는 돈을 말하는 거야. 기본급 외에 야근을 하면 받는 야근수당부터 교통비, 점심값, 가족수당, 휴가비 등 추가로 월급에 포함되는 수당이라는 것이 별도로 있단다. 아마 스폰지밥이 말하는 월급 5센트는 기본급을 의미하는 걸 거야. 대신에 스폰지밥은 수당을 더 받지 않을까?"

이와 같은 식으로 설명이 가능할 것이다. 또 하나의 논리적인 분석을 완성했다. 그 결과를 정리하면 다음과 같다.

[궁금증 3] 스폰지밥의 월급은 얼마일까?

가설 1. 스폰지밥은 월급을 받지 않는다

가. 검증결과: 아니다.

나. 이유: 집게사장은 스폰지밥에게 '이번 달 월급에서 제한다'라는 표현을 자주 사용한다. 따라서 스폰지밥은 월급을 받는 직원이라 할 수 있다.

가설 2. 스폰지밥의 월급은 장화 한 켤레 값이다

가. 검증결과: 그렇다.

나. 이유: 집게사장은 스폰지밥에게 월급 대신 검은 장화를 주었다. 인터넷으로 검색해보니 검은 장화의 가격은 5,000~수백만 원 사이였다. 따라서 스폰지밥은 5,000~수백만 원 사이의 월급을 받을 것이다.

가설 3. 스폰지밥의 월급은 5센트이다

가. 검증결과: 아니다.

나. 이유: 스폰지밥의 월급은 5센트라는 내용이 나온다. 우리 돈으로 매달 60원 정도이다. 하지만 게살버거 하나 가격은 2달러(우리 돈 2,400원 정도)이다. 스폰지밥이 월급으로 5센트를 받는다면 3년간 쓰지 않고 모아야 게살버거 하나를 먹을 수 있다. 하지만 스폰지밥은 수시로 게살버거를 사 먹는다. 따라서 스폰지밥의 월급은 5센트 이상이라 할 수 있다. 월급은 기본급과 각종 수당으로 이뤄지는데, 스폰지밥이 말한 월급 5센트는 기본급을 의미할 것이다.

역시나 이렇게 정리된 가설을 순서대로 나열해주면 논리적인 글쓰기가 완성된다.

제목: 스폰지밥의 월급은 얼마일까?

집게리아의 모범사원 스폰지밥은 얼마의 월급을 받을까요? 스폰지밥의 월급이 얼마인지 궁금해졌습니다. 그래서 다음의 3가지 가설을 생각했습니다.

가설 1. 스폰지밥은 월급을 받지 않는다

가설 2. 스폰지밥의 월급은 장화 한 켤레 값이다

가설 3. 스폰지밥의 월급은 5센트이다

'가설 1. 스폰지밥은 월급을 받지 않는다'라는 내용은 설득력이 없습니다. 집게사장은 스폰지밥에게 '이번 달 월급에서 제한다'라는 표현을 자주 사용합니다. 따라서 스폰지밥은 월급을 받는 직원이라 할 수 있습니다.

'가설 2. 스폰지밥의 월급은 장화 한 켤레 값이다'에 대한 가설은 설득력이 있습니다. 집게사장은 스폰지밥에게 월급 대신 검은 장화를 준 적이 있는데, 인터넷으로 검색해보니 검은 장화의 가격은 5,000~수백만 원 사이였습니다. 따라서 스폰지밥은 5,000~수백만 원 사이의 월급을 받고 있을 겁니다.

'가설 3 스폰지밥의 월급은 5센트이다'라는 가설은 설득력이 부족합니다. 5

센트는 우리 돈으로 60원 정도입니다. 하지만 게살버거 하나 가격은 2달러(우리 돈 2,400원 정도)이지요. 스폰지밥이 3년 동안 쓰지 않고 모아야 게살버거 하나를 사 먹을 수 있습니다. 하지만 스폰지밥은 수시로 게살버거를 사 먹지요. 따라서 스폰지밥의 월급은 5센트 이상이라 할 수 있습니다. 월급은 기본급과 각종 수당으로 이뤄지는데, 스폰지밥이 말한 월급 5센트는 기본급을 의미할 것입니다.

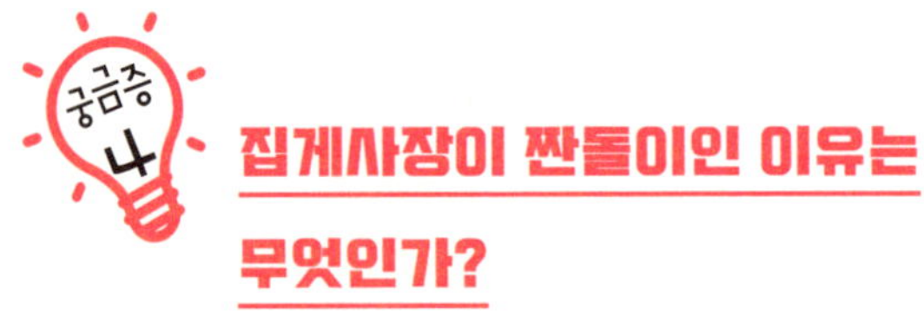

집게사장이 짠돌이인 이유는 무엇인가?

집게사장은 짠돌이다. 그래서 대부분이 싫어한다. 물론 공신이도 예외는 아니지만 항상 궁금했다.

'왜 짠돌이일까?'

태어날 때부터 짠돌이로 태어나지는 않았을 테니 말이다.

그 궁금증을 풀려면 가설부터 생각해야 한다. 앞서 가설이란 어떤 궁금증을 설명하기 위해 '그 이유는 무엇일 거다'라고 그럴듯한 이유를 생각하는 것이라고 했다.

가설을 만들려면 '창의성'이 중요하다. 가설을 만들어 검증하는 과정은 곧 창의력과 사고력을 길러주는 방법이라고 할 수 있다.

각자 생각하는 여러 가설이 있을 것이다. 필자가 생각하는 가설과 비교해보는 것도 재미있을 듯싶다. 필자가 생각하는 가설은 아래와 같다.

가설 1. 어렸을 때부터 집이 가난해서

가설 2. 부잣집에서 태어났지만 엄격한 경제교육을 받았기 때문에

가설 3. 자신의 딸인 진주에게 많은 돈이 들어가기 때문에

하나씩 가설을 살펴보자.

'가설 1. 어렸을 때부터 집이 가난해서'를 검증하려면 어떻게 해야 좋을까? 답은 바로 애니메이션에 있다. 애니메이션을 보면서 가설에 대한 실마리를 찾아보는 것이다.

가설 1이 '오! 그럴듯해!'라는 반응을 얻으려면 '집게사장이 어렸을 때 가난했다'라는 에피소드 또는 주변 인물의 증언 등을 찾으면 된다. 다행스럽게도 집게사장은 어렸을 때부터 집이 가난했다는 내용의

에피소드가 있었다. 따라서 가설 1은 답이 아니다.

'가설 2. 부잣집에서 태어났지만 엄격한 경제교육을 받았기 때문에'라는 가설을 보자. 가설 2는 바로 앞에서 답한 가설 1 때문에 논리적으로 설득력이 없다.

집게사장은 어렸을 때부터 집이 가난했기 때문이다.

'가설 3. 자신의 딸인 진주에게 많은 돈이 들어가기 때문에'라는 가설은 어떨까? 이 가설이 힘을 얻으려면 이 역시 애니메이션 에피소드 중에서 찾으면 된다. 진주에게 많은 돈이 들어가는 장면을 찾는다면, 이를 토대로 결론을 내릴 수 있기 때문이다.

그러나 공신이는 고민에 빠졌다. 어디선가 본 내용인 것 같은데 정확히 몇 기, 몇 화에 나오는 내용인지 기억나지 않았다.

공신이의 이런 고민에 공감이 가지 않는다면 큰일이다. 앞에서도 언급했지만 이 책은 《진짜 공신들만 보는 대표 소논문》의 초등학생 중학생 버전이다. 비록 관찰보고서라는 형태를 채택했지만, 소논문 작성에 필요한 논리적인 사고력과 기법을 이해하고 장착하는 데 도움을 주기 위한 목적이 있다.

소논문 작성에서 빠뜨릴 수 없는 중요한 것 또 하나가 바로 출처이다. 이름만 들어도 알 만한 유명한 연예인, 강사, 정치인 등이 출처를 밝히지 않고 여기저기서 짜깁기한 내용으로 책이나 논문을 만들었다가 나중에 큰 곤란에 빠진 일이 빈번했다.

출처는 아주 중요한 포인트이다. 출처를 제대로 밝힌다는 것은 신뢰와 관련돼 있기 때문이다. 보다 빠른 이해를 위해 아래 예시를 보자.

(가) 검색을 해보니 집게사장이 짠돌이인 이유는 어려서부터 가난했기 때문이라고 한다.

(나) 집게사장이 짠돌이인 이유는 어려서부터 가난했기 때문인데, 스폰지밥 애니메이션 시즌 ○기 ○○화에서 집게사장과 플랑크톤이 서로 친구가 된 에피소드를 통해 확인할 수 있다. 집게사장은 집이 가난하다는 이유로, 플랑크톤은 체격이 작다는 이유로 따돌림을 받아서 둘은 둘도 없는 친구가 되었다.

(가)를 읽어본 소감은 어떤가? 아마도 대부분은 '딱히 신뢰가 가지 않는다'라고 할 것이다. 왜냐하면 출처가 없기 때문이다. 어쩌면 누군가는 이렇게 물을 수도 있다.

"인터넷 검색이 출처 아닌가요?"

하지만 인터넷 검색은 논리적인 사고력과 창의성을 키우는 데 그다지 도움이 되지 않는다. 생각을 방해하기 때문이다. 또한 인터넷은 정보의 바다이기도 하지만, 동시에 잘못된 정보의 바다이기도 하다. 사실과 다른 정보가 사실인 것처럼 돌아다니기 때문이다.

그러나 (나)를 읽어보면 어떤가? 확실히 (가)와는 느낌이 다르지 않은가? (가)와 (나) 모두 '집게사장은 어려서부터 가난했다'로 내용은 같지만, (나)는 (가)에 비해 왠지 더 믿음이 간다. 왜냐하면 구체적인 출처를 밝혔기 때문이다.

다시 '자신의 딸인 진주에게 많은 돈이 들어가기 때문에'라는 가설로 돌아가자. 공신이는 이 가설을 검증한 결과 설득력이 있다고 결론을 내렸다. 왜냐하면 〈스폰지밥〉 애니메이션을 분석한 결과, 집게사장의 딸인 진주는 다음과 같다고 생각했기 때문이다.

1. 고래라는 덩치에 걸맞게 먹는 양이 남달라서 식료품값이 많이 필요하다.

2. 진주는 고등학생이기 때문에 사교육비, 화장품과 옷값 등 생활비가 많이 든다. 특히 진주는 크는 속도가 빨라서 새 옷이 많이 필요할 것이다.

공신이는 이 내용을 관찰보고서에 다음과 같은 형태로 정리했다.

제목: 집게사장이 짠돌이인 이유는 무엇인가?

'가설 3. 자신의 딸인 진주에게 많은 돈이 들어가기 때문에'는 설득력이 있다.

첫째, 고래라는 특성상 먹는 양이 남달라서 식료품값이 많이 필요하기 때문이다(시즌 ○기, ○○회 참고).

둘째, 진주는 고등학생이기 때문이다.

고등학생이기 때문에 학원에 보내야 하고 책도 사야 해서 비용이 많이 들 것이다. 나도 학원에 다니는데 엄마는 학원비가 비싸다면서 항상 걱정하신다. 따라서 집게사장도 학부모이기 때문에 이런 걱정을 할 것이다. 또한 진주는 키 크는 속도가 빨라서 새 옷이 많이 필요할 것이다(시즌 ○기, ○○회 참고). 따라서 진주에게 들어가는 돈이 많기 때문에 집게사장은 짠돌이가 될 수밖에 없다.

또 하나의 논리적인 분석을 완성했다. 하지만 그 결과를 정리한 내용은 지금까지와 약간 다르다. 출처가 들어갔기 때문이다.

[궁금증 4] 집게사장이 짠돌이인 이유는 무엇인가?

가설 1. 어렸을 때부터 집이 가난해서

가. 검증결과: 그렇다.

나. 이유: 집게사장은 어렸을 때부터 가난했다는 내용을 담은 에피소드가 있기 때문이다.

가설 2. 부잣집에서 태어났지만 엄격한 경제교육을 받았기 때문에

가. 검증결과: 아니다.

나. 이유: 집게사장은 어렸을 때부터 가난했기 때문이다.

가설 3. 자신의 딸인 진주에게 많은 돈이 들어가기 때문에

가. 검증결과: 그렇다.

나. 이유: 고래라는 특성상 먹는 양이 남달라서 식료품값이 많이 필요하다(시즌 ○기, ○○회 참고). 또한 진주는 고등학생이다. 따라서 학원에 보내야 하고 책도 사야 하고 해서 교육비가 많이 들 것이다. 우리 엄마는 항상 학원비 걱정을 하신다. 따라서 집게사장도 학부모이기 때문에 이런 걱정을 할 것이다. 또한 진주는 키 크는 속도가 빨라서 새 옷이 많이 필요할 것이다(시즌 ○기, ○

○회 참고). 따라서 진주에게 들어가는 식료품, 교육비, 생활비 등이 엄청 많을 것이기 때문에 집게사장은 짠돌이가 될 수밖에 없다.

이렇게 정리된 가설을 순서대로 나열해주면 다음과 같은 논리적인 글쓰기가 완성된다.

제목: 집게사장이 짠돌이인 이유는 무엇인가?

집게사장은 짠돌이고 스폰지밥을 부려먹는 캐릭터이기 때문에 인기가 없습니다. 저는 집게사장이 짠돌이인 이유가 궁금해졌습니다. 그래서 그 궁금증을 풀기 위해 다음의 3가지 가설을 생각했습니다.

가설 1. 어렸을 때부터 집이 가난해서

가설 2. 부잣집에서 태어났지만 엄격한 경제교육을 받았기 때문에

가설 3. 자신의 딸인 진주에게 많은 돈이 들어가기 때문에

'어렸을 때부터 집이 가난해서'라는 가설 1은 사실입니다. 왜냐하면 집게사장

은 어렸을 때부터 가난했다는 내용을 담은 에피소드가 방송되었기 때문입니다. 그러므로 '부잣집에서 태어났지만 엄격한 경제교육을 받았기 때문에'라는 가설 2는 사실이 아닙니다.

'자신의 딸인 진주에게 많은 돈이 들어가기 때문에'라는 가설 3은 설득력이 있습니다. 왜냐하면 진주는 고래입니다. 고래는 특성상 먹는 양이 남달라서 식료품값이 많이 들어갑니다. 실제로 시즌 ○기, ○○회에 관련 내용이 나옵니다.

또한 진주는 고등학생입니다. 따라서 학원에 보내야 하고 책도 사야 해서 교육비가 많이 들 것입니다. 우리 엄마는 항상 학원비 걱정을 하시지요. 집게사장도 학부모이기 때문에 이런 걱정을 할 것입니다.

또한 진주는 시즌 ○기, ○○회를 보면 키 크는 속도가 빨라서 새 옷이 많이 필요합니다. 따라서 진주에게 들어가는 식료품, 교육비, 생활비 등이 엄청 많을 것이기 때문에 집게사장은 짠돌이 캐릭터가 될 수밖에 없습니다.

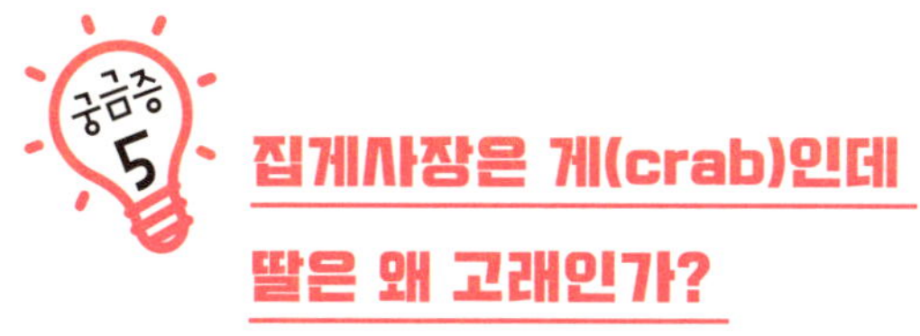

집게사장은 게(crab)인데 딸은 왜 고래인가?

〈스폰지밥〉을 관심 있게 본 사람이라면 '집게사장의 딸이 어떻게 고래일 수 있을까?' 하는 궁금증이 생겼을 것이다.

공신이도 마찬가지였다. 공신이는 '게'와 '고래'에 대해 찾아보았다. 그랬더니 게는 '절지동물 십각목 파행아목에 속하는 갑각류의 총칭', 고래는 '바닷속에 사는 포유동물 중 고래목에 속하는 동물'이라는 결과를 얻었다. 하지만 초등학생이 이해하기에는 어려운 단어가 많았다. 그래서 부모님께 물었더니 이렇게 대답하셨다.

"그 정도는 공신이가 찾아서 이해해봐. 그래도 모르겠으면 그때 다시 질문하렴."

절지동물	일반적으로 몸이 작고 여러 개의 환절로 이루어짐, 대개 머리 · 가슴 · 배의 3부로 나뉨, 외피는 견고함, 갑각류 · 곤충류 등이 이에 속함
포유동물	포유류에 속하는 동물, 젖먹이동물
목	항목, 동식물의 분류
아목	생물 계통 분류의 한 단계, 목과 과의 중간 단계

공신이는 정리한 결과를 가지고 여러 가지 가설을 창의적으로 생각해봤다. 그랬더니 다음과 같은 가설이 나왔다. 독자 여러분이 생각한 가설과 비교해보자.

가설 1. 집게사장은 진주를 입양했다

가설 2. 집게사장은 고래 신부와 결혼을 했는데 그 고래 신부는 이미 아이가 있었다

가설 3. 병원에서 실수로 아이가 바뀌었다

하나씩 살펴보자.

먼저 '가설 1. 집게사장은 진주를 입양했다'를 보겠다. 이 가설은 어떻게 검증할 수 있을까? 역시나 이전과 마찬가지로 애니메이션을 보면서 가설에 대한 실마리를 찾아보면 된다.

공신이는 기억에 기억을 더듬어보았더니 한 에피소드에서 집게사장이 스폰지밥에게 '고아원에서 사랑스럽고 깜찍한 예쁜이가 온다'라면서 진주를 입양한 사실이 기억났다. 따라서 가설 1은 사실이라고 할 수 있다.

'가설 2. 집게사장은 고래 신부와 결혼을 했는데 그 고래 신부는 이미 아이가 있었다'라는 가설을 검증할 차례이다.

이 가설은 아쉽지만 설득력이 없다. 왜냐하면 가설 1을 통해 진주는 고아원에서 입양했다는 사실을 알 수 있기 때문이다.

가설 3인 '병원에서 실수로 아이가 바뀌었다'는 것 또한 가설 1 때문에 설득력이 없다. 여기까지 정리한 공신이는 문득 다른 의문점이 하나 생겼다.

'근데 게와 고래가 결혼을 한다면 자식이 생길 수 있을까?'

이 의문점은 관찰보고서 '그것이 궁금하다'라는 제목으로 풀어보기로 했다. 어떻게 생각하는가? 게와 고래가 결혼한다면 자식이 생길 수 있을까? 여기에 대한 해답을 얻으려면 역시나 가설을 세워야 한다. 공신이가 세운 가설은 다음과 같다.

가설 1. 자식이 생길 수 있다

이유: 왜냐하면 그런 사례가 있기 때문이다. 사자와 호랑이가 결혼해 '라이거'와 '타이곤'이라는 자식을 낳았다.

가설 2. 자식이 생길 수 없다

이유: 왜냐하면 게는 절지동물이고 고래는 포유동물이기 때문이다.

'가설 1. 자식이 생길 수 있다'에 대해 어떻게 생각하는가? 이 가설을 풀기 위해 선택할 수 있는 방법으로는 어떤 것이 있을까?

여러 방법이 있겠지만, 필자는 친구들에게 설문지를 돌려서 조사하는 방법을 추천한다. 어른들은 이런 창의적인 가설을 이해하지 못하기 때문이다. 오히려 핀잔을 듣기 십상이다.

얼마 전 신문을 보다가 서울대 교수들이 창의적 사고력의 중요성에 대해 강조하는 내용을 읽었다. '인공지능이 지배하는 4차 산업혁명 시기에는 전문 지식이 많은 것보다 지식을 남들보다 창의적으로 활용하는 뛰어난 사고력이 중요하다'라는 부분이 가장 기억에 남았다. 앞으로는 그 어느 때보다 창의적인 사고력이 중요하다는 내용이었다. 따라서 때로는 사랑하는 자녀들이 말도 안 되는 소리를 한다고 해도 절대 핀잔을 주거나 혼내거나 하면 안 된다.

다시 본론으로 돌아오자. 설문지를 활용해 조사하는 방법은 뒤에 자세히 설명해놓았으니 참고하면 된다. 공신이는 10명의 친구들에게 설문조사를 했고 5대 5라는 조사 결과를 얻었다. 그 이유도 나름 논리적이다.

‘자식이 생길 수 있다’라고 생각하는 친구들은 이렇게 대답했다.

- 현대기술로 불가능은 없다

- 지금은 아닐 수 있지만 가까운 미래에는 가능할 수 있다

‘자식이 생길 수 없다’라고 생각하는 친구들은 이렇게 대답했다.

- 절지동물과 포유동물은 종이 다르기 때문에 절대 불가능하다

- 절지동물은 알을 부화시켜 자식을 얻고, 포유동물은 알을 낳는 게 아니라 출산을 통해 아이를 얻는다. 출산 방식부터 다른데 어떻게 아이를 얻을 수 있나

설문조사 결과를 본 공신이는 더 머리가 아파졌다. 그렇다면 어떻게 정리해야 할까?

‘자식이 생길 수 있다’ ‘자식이 생길 수 없다’ 모두 나름대로 논리적인 이유가 있었다. 공신이는 고민 끝에 이 관찰보고서에 다음과 같이 내용을 정리했다.

제목: 그것이 궁금하다! 게와 고래가 결혼한다면 자식이 생길 수 있을까?

여러분은 어떻게 생각하나요?

저는 이 궁금증을 풀기 위해 친구 10명에게 설문조사를 했습니다. 그 결과 5명은 '게와 고래가 결혼해도 자식이 생길 수 있다'라고 답을 했고, 다른 5명은 '게와 고래가 결혼해도 자식은 생길 수 없다'라고 했습니다.

친구들의 주장을 아래에 있는 표로 정리해봤어요.

생길 수 있다! 왜?	생길 수 없다! 왜?
1. 현대기술로 불가능은 없다.	1. 게와 고래는 종이 달라 사랑이 이뤄질 수 없다.
2. 지금은 아닐 수 있지만 미래에는 가능할 수 있다.	2. 게는 알, 고래는 아이를 낳는다. 출산방식이 다르다.

과학 선생님은 '게와 고래는 종이 달라 자식을 낳을 수 없다'고 합니다.

하지만 현대의 과학기술은 놀라울 정도로 발전하고 있습니다. 멸종된 동물을 복원하기도 하고 생명체를 복제하기도 하지요. 따라서 지금은 불가능해도 가까운 미래에는 가능할 수 있지 않을까요?

어른들의 사고로는 이해가 안 될 수 있다. 하지만 이런 과정을 거칠 때 아이들의 사고력은 창의성과 논리성을 함께 가질 수 있게 된다.

이 내용은 지어낸 것이 아니다. 한 초등학교에서 주관하는 수련회에 강사로 갔다가 '게와 고래가 결혼을 하면 자식을 얻을 수 있을까요'라고 질문했더니, 실제로 거의 반반으로 의견이 갈렸다. 그리고 위에서 말한 이유를 포함해 아주 다양한 이유가 나왔다. 어른들의 시각에서는 이해가 가지 않겠지만 말이다.

이렇게 또 하나의 논리적인 분석을 완성했다. 이제는 그 결과를 정리하자.

[궁금증 5] 집게사장은 게(crab)인데 딸은 왜 고래인가?

가설 1. 집게사장은 진주를 입양했다

가. 검증결과: 그렇다.

나. 이유: 스폰지밥 ○기 ○○회에서 집게사장이 스폰지밥에게 '고아원에서 사랑스럽고 깜찍한 예쁜이가 온다'라면서 진주를 입양한 사실을 말하기 때문이다.

가설 2. 집게사장은 고래 신부와 결혼을 했는데 그 고래 신부는 이미 아이가

있었다

   가. 검증결과: 아니다.

   나. 이유: 진주는 고아원에서 입양했기 때문이다.

   가설 3. 병원에서 실수로 아이가 바뀌었다

   가. 검증결과: 아니다.

   나. 이유: 진주는 고아원에서 입양했기 때문이다.

이렇게 정리된 가설을 순서대로 나열해주면 또 논리적인 글쓰기가 완성된다.

제목: 집게사장은 게(crab)인데 딸은 왜 고래인가?

집게사장은 게입니다. 하지만 딸인 진주는 고래입니다. 어떻게 아빠가 게인데 딸이 고래일 수 있지? 저는 그 이유가 너무 궁금했습니다. 그래서 그 궁금증을 풀기 위해 다음의 3가지 가설을 생각했습니다.

가설 1. 집게사장은 진주를 입양했다

가설 2. 집게사장은 고래 신부와 결혼을 했는데 그 고래 신부는 이미 아이가 있었다

가설 3. 병원에서 실수로 아이가 바뀌었다

'집게사장은 진주를 입양했다'라는 가설 3은 스폰지밥 ○기, ○○회에서 확인이 됩니다. 집게사장은 스폰지밥에게 '고아원에서 사랑스럽고 깜찍한 예쁜이가 온다'라면서 진주를 입양했다고 말하기 때문입니다.

그렇다면 '가설 2. 집게사장은 고래 신부와 결혼을 했는데 그 고래 신부는 이미 아이가 있었다'라는 것과 '가설 3. 병원에서 실수로 아이가 바뀌었다'는 것은 설득력이 없습니다. 왜냐하면 진주는 고아원에서 입양했기 때문이지요.

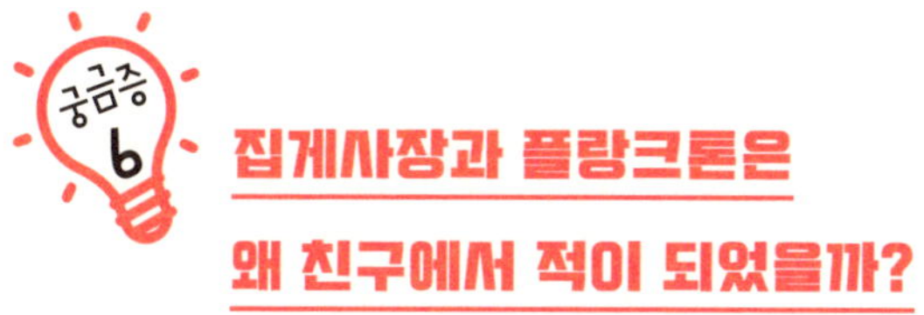

집게사장과 플랑크톤은 왜 친구에서 적이 되었을까?

집게사장과 플랑크톤은 앙숙이다. 플랑크톤은 집게사장의 비밀 레시피를 훔치기 위해 호시탐탐 기회를 노리지만 번번이 실패한다.

하지만 집게사장과 플랑크톤은 한때 친구였다. 그들은 왜 친구에서 적이 되었을까? 공신이도 그 점이 궁금했다. 그래서 언제나처럼 궁금증을 풀기 위해 가설을 세웠다. 공신이가 생각한 가설은 다음과 같다.

가설 1. 여자친구 때문에 사이가 나빠졌다

가설 2. 성격이 달라서 사이가 나빠졌다

가설 3. 동업을 했다가 사이가 나빠졌다

하나씩 살펴보자.

'가설 1. 여자친구 때문에 사이가 나빠졌다'는 어떻게 검증할 수 있을까? 독자 여러분의 생각은 어떤가?

공신이는 이 가설에 대해 '사실이 아니다'라는 결론을 내렸다. 왜냐하면 집게사장과 플랑크톤의 이상형은 서로 다르다고 생각했기 때문이다. 그 근거로 집게사장은 돈과 결혼을 할 정도로 돈에 대한 집착이 강했고, 플랑크톤은 로봇이 부인이다. 따라서 여자친구 때문에 사이가 나빠질 일은 없다고 생각했다.

'가설 2 성격이 달라서 사이가 나빠졌다'는 어떨까? 이 가설을 검증하려면 어떻게 해야 할까?

집게사장과 플랑크톤의 성격을 분석한 후 표로 정리하면 한눈에 쉽게 파악할 수 있을 것이다. 공신이는 다음과 같은 표로 정리했다.

집게사장의 성격	플랑크톤의 성격
1. 돈을 위해서라면 수단과 방법을 가리지 않는다.	1. 비밀 레시피를 위해서라면 수단과 방법을 가리지 않는다.
2. 자신만 생각한다. 이기적이다.	2. 자신만 생각한다. 이기적이다.
3. 착한 사람을 이용하려고 한다.	3. 착한 사람을 이용하려고 한다.

두 캐릭터의 성격을 표로 정리했더니 깜짝 놀랐다. 둘의 성격이 복사한 듯 똑같았기 때문이다. 공신이는 이 표를 토대로 '성격이 달라서 사이가 나빠졌다'는 가설 2는 설득력이 없다고 생각했다. 왜냐하면 둘은 놀랄 정도로 성격이 비슷했기 때문이다.

둘의 성격을 표로 정리해서 비교해보니, 논리적이고 과학적이며 체계적이라는 느낌이 든다. 논리적인 사고력을 키우는 방법 중 하나는 표를 만드는 것이다.

그냥 '이렇고, 저렇고, 이러니까 저럴 것이다'라는 식으로 서술만 하는 것과 표로 정리해서 나타내는 것에는 엄청난 차이가 있다. 예시를 보면서 그 느낌을 알아가길 바란다.

• 서술식

애국가 1절 가사는 '동해물과 백두산이 마르고 닳도록 하느님이 보우하사 우리나라 만세'이며, 2절은 '남산 위에 저 소나무 철갑을 두른 듯 바람서리 불변함은 우리 기상일세'이다. 3절은 '가을 하늘 공활한데 높고 구름 없이 밝은 달은 우리 가슴 일편단심일세'이고, 4절은 '이 기상과 이 맘으로 충성을 다하여 괴로우나 즐거우나 나라 사랑하세'이다. 각 절의 후렴구는 '무궁화 삼천리 화려 강산 대한 사람 대한으로 길이 보전하세'이다.

• 표로 정리

구분	가사	후렴구
1절	동해물과 백두산이 마르고 닳도록 하느님이 보우하사 우리나라 만세	무궁화 삼천리 화려 강산 대한 사람 대한으로 길이 보전하세
2절	남산 위에 저 소나무 철갑을 두른 듯 바람서리 불변함은 우리 기상일세	무궁화 삼천리 화려 강산 대한 사람 대한으로 길이 보전하세
3절	가을 하늘 공활한데 높고 구름 없이 밝은 달은 우리 가슴 일편단심일세	무궁화 삼천리 화려 강산 대한 사람 대한으로 길이 보전하세
4절	이 기상과 이 맘으로 충성을 다하여 괴로우나 즐거우나 나라 사랑하세	무궁화 삼천리 화려 강산 대한 사람 대한으로 길이 보전하세

동일한 내용지만, 글로 적은 서술식과 표로 정리한 내용은 느낌이 다르다. 서술식의 느낌을 한마디로 표현하면 '초등학생'이고, 표의 느낌은 '대학생' 같다고나 할까?

서술식은 논리적이고 체계적인 느낌이 들지 않는다. 상대적으로 표 내용은 논리적이고 체계적이라는 느낌을 준다.

'가설 3. 동업을 했다가 사이가 나빠졌다'라는 가설을 검증해보자. 어떻게 검증해야 할까?

역시나 애니메이션 어딘가에 답이 있을 것이다. 그런데 문제가 있다. 〈스폰지밥〉은 1999년부터 방영했기 때문에 정말 많은 에피소드가 있다는 점이었다. 그럼 어떻게 해결해야 할까?

바로 '시놉시스' 검색이다. 시놉시스라는 말이 생소하다면 '줄거리' 라는 단어를 쓰겠다. 시놉시스는 간단한 줄거리 또는 드라마의 개요를 이르는 말이다. 이를 살피면 대략적인 내용을 확인할 수 있다. 그중에는 집게사장과 플랑크톤과의 인연을 담은 줄거리도 있을 것이다.

공신이는 인터넷에 나와 있는 줄거리를 보다가 필요한 내용이 담긴 에피소드를 찾아냈다. 이제 공신이가 할 일은 그 에피소드를 시청하는 것이다.

나중에 소논문을 쓰거나 아니면 다른 형태의 논리적인 글쓰기를 해야 한다면 앞에서 말한 검색 기능을 잘 활용해야 한다. 인터넷 포털사이트를 검색하라는 뜻이 아니라, 각종 도서관이나 학술정보검색 서비스 같은 사이트를 활용하라는 말이다.

논리적인 글쓰기를 하려면 많은 논리적인 자료가 필요하다. 논리적인 자료는 도서관 홈페이지나 학술정보 검색 서비스 같은 곳에 많다. 더 자세한 이야기는 뒤에서 설명할 것이므로 잠시 미뤄두겠다.

공신이는 '동업을 했다가 사이가 나빠졌다'라는 가설을 설득력이 있다고 결론 내렸다.

왜냐하면 시즌 ○기, ○○회를 보면 집게사장과 플랑크톤은 같은 날 태어난 둘도 없는 친구였다. 이 둘은 단골 햄버거 가게 아저씨가 햄버거를 팔아 엄청난 돈을 번 것을 알고 햄버거 가게를 차린다. 그러다 자신들이 만든 햄버거를 먹은 시민이 햄버거 때문에 죽게 된다. 집게사장과 플랑크톤은 서로를 탓하다가 결국 사이가 틀어졌다.

자 ,이렇게 또 하나의 논리적인 분석이 담긴 글 하나가 완성이 되었다. 다시 한 번 가설에 대한 결과를 정리하자.

[궁금증 6] 집게사장과 플랑크톤은 친구에서 왜 적이 되었을까?

가설 1. 여자친구 때문에 사이가 나빠졌다

가. 검증결과: 아니다.

나. 이유: 집게사장과 플랑크톤의 이상형은 서로 다르기 때문이다. 집게사장은 돈과 결혼할 정도로 돈에 대한 집착이 강했고, 플랑크톤은 로봇이 부인일 정도로 서로 정반대의 취향을 가지고 있다. 따라서 여자친구 때문에 사이가 나빠질 일은 희박하다.

가설 2. 성격이 달라서 사이가 나빠졌다

가. 검증결과: 아니다.

나. 이유: 두 캐릭터의 성격을 표로 정리했더니 둘은 놀랄 만큼 성격이 닮았다. 따라서 '성격이 달라서 사이가 나빠졌다'는 가설 2는 설득력이 없다.

가설 3. 동업을 했다가 사이가 나빠졌다

가. 검증결과: 그렇다.

나. 이유: 시즌 ○기, ○○회를 보면 집게사장과 플랑크톤은 같은 날 태어난 둘도 없는 친구였다. 이 둘은 햄버거 가게 동업을 하다가 자신들이 만든 햄버거

이렇게 정리된 가설을 순서대로 나열해주면 논리적인 글쓰기가
완성된다. 이번에는 표까지 들어가서 예전과는 느낌이 더욱 다를 것
이다.

제목: 집게사장과 플랑크톤은 왜 친구에서 적이 되었을까?

집게사장과 플랑크톤은 앙숙이다. 하지만 이 둘은 사실 친구였다. 그랬던 그
들은 왜 친구에서 적이 되었을까? 그 궁금증을 풀기 위해 세운 가설은 다음과
같다.

가설 1. 여자친구 때문에 사이가 나빠졌다

가설 2. 성격이 달라서 사이가 나빠졌다

가설 3. 동업을 했다가 사이가 나빠졌다

'가설 1. 여자친구 때문에 사이가 나빠졌다'라는 말은 설득력이 없다. 왜냐하

면 이 둘의 이상형은 달라도 너무 다르기 때문이다. 집게사장은 돈이랑 결혼하고 싶다고 했다. 플랑크톤은 로봇이 부인이다. 따라서 이 둘이 여자 때문에 사이가 나빠졌을 가능성은 거의 없다.

'가설 2. 성격이 달라서 사이가 나빠졌다'를 입증하기 위해 이 둘의 성격을 표로 정리해 비교했더니 다음과 같았다.

집게사장의 성격	플랑크톤의 성격
1. 돈을 위해서라면 수단과 방법을 가리지 않는다.	1. 비밀 레시피를 위해서라면 수단과 방법을 가리지 않는다.
2. 자신만 생각한다. 이기적이다.	2. 자신만 생각한다. 이기적이다.
3. 착한 사람을 이용하려고 한다.	3. 착한 사람을 이용하려고 한다.

둘은 놀랄 만큼 성격이 닮았다. 따라서 '성격이 달라서 사이가 나빠졌다'는 가설 2는 설득력이 없다.

'가설 3. 동업을 했다가 사이가 나빠졌다'를 보자. 이 가설은 설득력이 있다.

왜냐하면 스폰지밥 시즌 ○기, ○○회를 보면 집게사장과 플랑크톤은 같은 날 태어난 둘도 없는 친구였지만, 햄버거 가게 동업을 하다가 자신들이 만든 햄버거 때문에 사망 사고가 나자 서로를 탓하고 사이가 나빠졌기 때문이다.

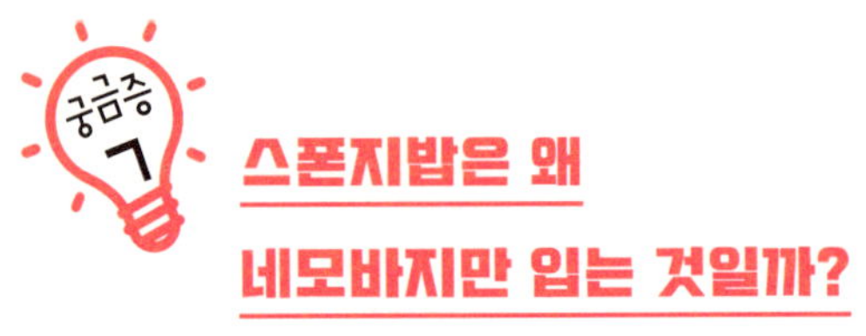

스폰지밥은 왜
네모바지만 입는 것일까?

스폰지밥 애니메이션의 제목은 〈네모바지 스폰지밥〉이다. 스폰지밥이 네모바지만 입어서 그런 제목이 나온 것일까?

애니메이션을 보는 아이들은 크게 2가지 유형으로 나뉜다. 아무 생각 없이 그냥 재미있으니까 보는 유형과 궁금증을 쏟아내는 유형이다. 이 2가지 유형 중 어떤 유형의 아이들이 창의적이고 논리적일 수 있을까?

'될성부른 나무는 떡잎부터 알아본다'라는 속담이 있다. 이 속담은 과학적인 방법으로도 여러 차례 증명이 됐다.

미국의 한 대학 연구팀이 아이들을 대상으로 재미난 실험을 했다.

아이들에게 초콜릿과 사탕을 준 후 30분을 기다렸다가 먹으라고 했다. 그리고 당연히 못 참은 아이들과 30분을 기다렸다가 먹은 아이들 그룹으로 나뉘게 되었다.

두 그룹의 차이는 학습능력의 차이로 나타났다. 이 실험에 참가한 아이들이 고등학생이 돼서 우리로 치면 수능 시험을 봤더니, 30분을 기다렸던 아이들은 그렇지 않은 경우에 비해 점수가 높았다.

여기까지 이야기를 하면 뜨끔한 경우가 적지 않을 것이다.

'아, 나는 아무 생각 없이 그냥 재미있으니까 애니메이션을 보는 건데.'

'아, 우리 아이는 커서 뭐가 되려고 이럴까?'

이런 걱정을 했다면 걱정 마시길 바란다. 아직 시간은 충분하다.

필자 역시 애니메이션을 좋아한다. 집에서도 초등학교 6학년, 4학년인 아이들과 함께 만화 채널을 시청한다. 고무고무열매, 구르메 세포, 돈만이 등등 어른들이 낯설어할 만한 만화 속 단어도 잘 알고, 몇몇 애니메이션은 주제가까지 외우고 있다.

하지만 남들과 다른 하나는 바로 질문에 있다. 예컨대 고무고무열매에 대한 이야기를 해보자. 이 열매를 먹으면 몸이 고무처럼 탄력이 생긴다. 몸이 쭈욱 늘어나는 건 기본인 이 열매에 대해 아들과 나눴던 실제 대화 내용이다.

"아빠, 고무고무열매 알죠?"

"응, 알지. 왜?"

"음, 진짜로 고무고무열매라는 게 있다면 비싸겠죠?"

"왜 비싸다고 생각해?"

"고무고무열매는 정말 귀한 거 아니에요?"

"그래서? 왜 귀하면 비싸야 할까?"

"열매는 많이 없고, 사려는 사람은 많을 테니까요."

"그러면 왜 비싸지는데?"

"서로 사려고 하잖아요."

어떤가? 나는 항상 꼬리에 꼬리를 물고 '왜?'라는 질문을 던진다.

애니메이션을 볼 때뿐 아니라 일상생활에서도 항상 '왜?' '왜?' '왜?'를 달고 산다. 예컨대 우리 집은 인스턴트식품을 잘 먹지 않는다. 그러다 보니 간간히 라면이 먹고 싶다는 이야기를 한다.

"아빠. 오늘은 라면 먹으면 안 돼요?"

"왜?"

"그냥 먹고 싶으니까요."

"왜 먹어야 하는지 아빠를 설득시켜봐."

"음. 라면이 몸에 안 좋은 음식인건 잘 알아요. 하지만 어쩌다 한 번은 괜찮지 않아요? 그러니까 오늘은 라면 먹어요."

"몸에 안 좋은 음식인데 어쩌다 한 번 먹으면 괜찮다는 논리는 좀 이상한데? 말이 안 되잖아?"

이렇게 이야기가 이어진다.

'왜?'라는 이 한 단어 때문에 역사가 바뀌고 세상을 바꾼 발명품이 탄생했다는 사실을 기억하자.

다시 본론으로 돌아가자. '스폰지밥은 왜 네모바지만 입는 것일까?'라는 궁금증을 해결해보자. 공신이는 이 궁금증을 해결하기 위해 여러 가설을 고민해봤다. 그 결과 다음과 같은 가설이 나왔다.

가설 1. 스폰지밥은 네모라 네모바지가 어울리기 때문이다

가설 2. 스폰지밥이 사는 비키니시티에는 네모바지가 유행하기 때문이다

가설 3. 스폰지밥은 네모바지 회사에서 후원을 받기 때문이다

'가설 1. 스폰지밥은 네모라 네모바지가 어울리기 때문이다'라는 내용을 검증해보자. 이 사실을 검증하려면 어떤 방법을 써야 할까?

필자는 앞에서 언급했던 설문조사를 통해 결론을 얻을 생각이다. 네모바지 스폰지밥 말고도 세모바지, 둥근바지 등등 다양한 형태의

바지를 입힌 스폰지밥을 예시로 보여준 뒤, 친구들 또는 가족 대상으로 '어떤 바지가 가장 어울리는가?'라는 질문을 던지는 것이다.

공신이는 학교 친구 10명을 대상으로 설문조사를 진행해 다음과 같은 결과를 얻었다.

스폰지밥은 네모바지만 어울릴까?

1. 그렇다 (7명)

2. 세모바지 (0명)

3. 둥근바지 (3명)

이 설문조사 결과를 어떻게 활용할 수 있을까? 공신이는 다음과 같은 방식으로 활용했다.

[궁금증 7] 스폰지밥은 왜 네모바지만 입는 것일까?

가설 1. 스폰지밥은 네모바지만 어울릴까?

가. 검증결과: 그렇다.

나. 이유: 스폰지밥은 네모바지만 어울릴까?에 대한 궁금증을 풀기 위해 설

'가설 2. 스폰지밥이 사는 비키니시티에는 네모바지가 유행하기 때문이다'는 어떤 방식으로 검증할 수 있을까? 네모바지가 유행한다면 당연히 비키니시티 시민들 역시 네모바지를 입고 있어야 한다.

그렇다면 어떻게 검증할 수 있을까? 역시나 애니메이션에 답이 있다. 애니메이션을 보면서 비키니시티 시민들의 바지를 조사하면 되는 것이다.

그런데 문제가 하나 있다. 어떤 문제일까? 〈스폰지밥〉 애니메이션은 수많은 에피소드가 있다. 이 많은 에피소드를 하나씩 다 보면서 확인해야 할까? 그렇게 하기는 정말 힘들 텐데, 대체 어떻게 해야 할까?

에피소드 몇 개만 골라서 확인하는 방법이 가장 현실적일 것이다. 이런 방식을 '샘플링 조사방식'이라고 한다. 샘플링 조사방식은 '일부 표본의 조사를 바탕으로 대상 전체를 추정하는 조사 방법'이다. 조사 대상이 광범위할 경우 사용되는 방법이다.

공신이는 에피소드 2개 정도를 보면서 비키니시티 시민들의 바지 형태를 조사했다. 그랬더니 다음의 결과가 나왔다.

비키니시티 시민들의 바지 형태 조사

1. 조사 방법: 샘플링 조사 (스폰지밥 〇〇기, 〇회, 〇회 2회)

2. 조사 결과 (총 100건)

① 네모바지 착용: 10건 (스폰지밥)

② 바지 미착용: 30건 (뚱이, 징징이 등)

③ 둥근바지 착용: 20건 (일반 시민)

④ ①~③을 제외한 다른 형태의 바지 착용: 40건

3. 결론

비키니시티 시민들은 다양한 형태의 바지를 착용하고 있었다. 따라서 네모바지가 유행한다는 가설은 사실이 아니다.

이 설문 결과를 다음과 같이 정리했다.

[궁금증 7] 스폰지밥은 왜 네모바지만 입는 것일까?

가설 2. 스폰지밥이 사는 비키니시티에는 네모바지가 유행하기 때문이다

가. 검증결과: 아니다.

나. 이유: 비키니시티 시민들의 바지 형태를 샘플링 조사(2회)로 확인한 결과는 다음과 같았다. ① 네모바지 착용 10퍼센트(스폰지밥), ② 바지 미착용 30퍼센트(뚱이, 징징이 등), ③ 둥근바지 착용 20퍼센트, ④ ①~③을 제외한 다른 형태의 바지 착용 40퍼센트로 조사되었다.

따라서 비키니시티에 네모바지가 유행한다는 가설은 사실이 아니다.

'가설 3. 스폰지밥은 네모바지 회사에서 후원을 받기 때문이다'는 어떻게 확인해야 할까? 이 역시 애니메이션을 보면서 확인하면 된다. 하지만 그 많은 에피소드를 하나하나 확인하는 것은 시간낭비이다.

줄거리를 쭉쭉 찾아보았더니 〈둥근바지 스폰지밥〉이라는 에피소드가 있었다. 〈둥근바지 스폰지밥〉에는 세탁기를 너무 오래 돌린 나머지 가지고 있던 네모바지가 모두 작아져버렸다는 내용이 나왔다.

스폰지밥은 네모바지를 사기 위해 옷 가게에 갔지만 네모바지를 구할 수가 없었다.

이 장면을 토대로 공신이는 '스폰지밥은 네모바지 회사에서 후원을 받지 않는다'는 결론을 내렸다. 왜냐하면 후원을 받는다면 돈을 주고 사러 갈 필요가 없기 때문이다. 따라서 가설 3은 다음과 같은 형태로 정리가 된다.

[궁금증 7] 스폰지밥은 왜 네모바지만 입는 것일까?

가설 3. 스폰지밥은 네모바지 회사에서 후원을 받기 때문이다

가. 검증결과: 아니다.

나. 이유: 〈둥근바지 스폰지밥〉이라는 에피소드를 보면 스폰지밥은 세탁기를 너무 오래 돌린 나머지 네모바지가 모두 작아져 버려 옷 가게에 갔다는 내용이 나온다. 하지만 스폰지밥은 네모바지를 구할 수가 없었다. 따라서 이 장면을 토대로 '스폰지밥은 네모바지 회사에서 후원을 받지 않는다'라는 결론을 내릴 수 있다. 왜냐하면 후원을 받는다면 돈을 주고 사러 갈 필요가 없기 때문이다.

위의 가설을 연결만 해주면 또다시 논리적인 글쓰기가 완성된다.

제목: 스폰지밥은 왜 네모바지만 입는 것일까?

스폰지밥은 왜 네모바지만 입는 것일까? 그 궁금증을 풀기 위해 세운 가설은 다음과 같다.

가설 1. 스폰지밥은 네모라 네모바지가 어울리기 때문이다

가설 2. 스폰지밥이 사는 비키니시티에는 네모바지가 유행하기 때문이다

가설 3. 스폰지밥은 네모바지 회사에서 후원을 받기 때문이다

'가설 1. 스폰지밥은 네모바지만 어울리기 때문이다'에 대한 궁금증을 풀기 위해 설문조사를 했더니 응답자의 70퍼센트가 '스폰지밥은 네모바지가 어울린다'고 답했다. '둥근바지가 어울린다'는 대답은 30퍼센트, '세모바지가 어울린다'는 0퍼센트가 나왔다. 따라서 스폰지밥은 네모바지가 어울린다는 결과를 얻을 수 있다.

'가설 2. 스폰지밥이 사는 비키니시티에는 네모바지가 유행하기 때문이다'는 비키니시티 시민들의 바지 형태를 샘플링 조사(2회)로 확인해보았다.

비키니시티 시민들의 바지 형태 조사

1. 조사 방법: 샘플링 조사 (스폰지밥 ○○기, ○회, ○회 2회)

2. 조사 결과 (총 100건)

① 네모바지 착용: 10건 (스폰지밥)

② 바지 미착용: 30건 (뚱이, 징징이 등)

③ 둥근바지 착용: 20건 (일반 시민)

④ ①~③을 제외한 다른 형태의 바지 착용: 40건

조사 결과 비키니시티 시민들은 다양한 형태의 바지를 착용하고 있다는 것이 판명됐다. 따라서 비키니시티에 네모바지가 유행한다는 가설은 사실이 아니다.

'가설 3. 스폰지밥은 네모바지 회사에서 후원을 받기 때문이다' 또한 〈둥근바지 스폰지밥〉이라는 에피소드를 통해 사실이 아님을 알 수 있다. 스폰지밥은 세탁기를 너무 오래 돌린 나머지 네모바지가 모두 작아져 옷 가게에 갔지만, 네모바지를 구할 수 가 없었다. 네모바지 회사에서 후원 받는다면 돈을 주고 사러 갈 필요가 없다.

뚱이는 직업이 없는데 어디서 돈이 생겨 게살버거를 사 먹을까?

이번에는 8번째 궁금증인 '뚱이는 직업이 없는데 어디서 돈이 생겨 게살버거를 사 먹을까?'에 대해 살펴보자.

필자는 〈스폰지밥〉 애청자이다. 매주 주일마다 아이들과 함께 챙겨 본다. 하지만 그때마다 뚱이에 대한 궁금증이 머릿속을 떠나지 않았다.

뚱이는 스폰지밥처럼 직장이 있는 것도 아니고, 그렇다고 집이 부자도 아니다. 냉장고, 텔레비전, 심지어 냉장고 속에 들어 있는 음식마저 모래로 만든 모조품이기 때문이다.

혹시나 이 책을 읽고 있는 학부모의 자녀 중 누군가가 나와 똑같은 궁금증을 가지고 부모님께 질문했다면, 그 친구는 공부 걱정은 안 해도 될 것이다. 궁금증은 학업의 어머니라 할 수 있기 때문이다.

공신이는 8번째 궁금증을 풀기 위해 고민한 결과 다음과 같은 가설을 세웠다.

가설 1. 뚱이는 기초생활수급자?

가설 2. 스폰지밥 또는 뚱이 누나가 매달 용돈을 주기 때문에

가설 3. 뚱이는 건물주일까?

'가설 1. 뚱이는 기초생활수급자?'부터 살펴보자. 기초생활수급자는 '국가가 최저 수준의 생계를 유지하도록 각종 혜택을 주는 사람'을 말한다. 이 가설을 검증하려면 무엇이 필요할까? 뚱이가 게살버거를 사 먹는 여러 장면을 하나하나 분석해서 분류하면 될 것이다.

예컨대 뚱이가 〈스폰지밥〉 애니메이션에서 게살버거를 구입하는 장면이 총 10번이 나왔다고 치자. 그중에 돈을 내고 사 먹은 경우는 5번 남짓이고 나머지는 돈이 없어서 사 먹지 못했다고 가정한다. 여기서 확실하게 알 수 있는 1가지는 '뚱이는 돈이 있을 때는 있고 없을 때는 없다'는 것이다.

뚱이는 직장이 없다. 따라서 안정적인 월급을 받을 수 없다. 그렇다면 항상 돈이 없어야 정상이다. 그런데 때로는 돈이 있다. 그렇다면 뚱이는 어디선가 돈이 생긴다는 의미일 것이고, 여러 상황을 종합적으로 판단해보면 기초생활수급자로 매달 얼마 정도 생활비를 지원받는다고 가정할 수 있다.

여기까지 정리를 한 후에는 이런 질문이 들어올 수도 있겠다.

"에이, 그건 억지 같아요. 뚱이가 미국인이나 한국인처럼 특정 국가의 국민도 아니잖아요? 속해 있는 나라가 없는데 어디서 생활비를 지원받아요? 이런 건 국가에서나 할 수 있는 일이잖아요!"

물론 이렇게 말할 수 있다. 약간은 억지스러울 수도 있다고 생각한다.

하지만 앞에서부터 수차례 소논문은 '주장을 하는 논증적 글쓰기'라고 강조해왔다. 주장은 사람의 생각에 따라 다를 수 있기 때문에 정답이 없다. 따라서 상대방이 자신의 주장에 납득할 수 있도록 설득력 있는 참고자료를 제시하면 논리적인 글쓰기가 완성되는 법이다. 이 가설도 이러한 맥락에서 이해하면 놀랄 만한 결과에 입이 벌어질 것이다.

뚱이가 기초생활수급자로 혜택을 받으려면 특정 국가의 국민이어야 한다. 하지만 〈스폰지밥〉 어디를 봐도 뚱이가 살고 있는 나라의 이름은 안 나온다. 하지만 뚱이가 살고 있는 도시 이름은 있다. 바로 '비키니시티'이다.

도시가 있다는 것은 '그 도시가 속한 나라도 있다'는 것으로 논리적 확장이 가능하다.

근거도 있다. 비키니시티에는 경찰도 있고, 범죄자를 가두는 교도

소도 있고, 운전면허증도 발급하고, 텔레비전방송국도 있다. 그리고 편지를 배달하는 우체국 아저씨까지 존재한다. 경찰과 교도소, 그리고 우편 서비스는 국가라는 주체가 있어야 운영이 가능하다.

따라서 비키니시티는 우리로 치면 서울이나 부산 같은 어떤 국가의 한 도시라는 가정이 가능해진다. 그렇게 되면 뚱이가 기초생활수급자라는 가설에도 논리적 설득력이 생긴다.

'가설 2. 스폰지밥 또는 뚱이 누나가 매달 용돈을 주기 때문에'도 검증해보자. 이 가설을 검증하기 위해서 필요한 것은 무엇일까? 가설 1과 마찬가지로 이와 관련한 장면을 찾아서 분석하면 된다.

하지만 아무리 찾아봐도 스폰지밥과 뚱이 누나가 용돈을 주는 장면을 찾을 수 없었다. 그렇기 때문에 이 가설은 설득력이 없다는 결론을 얻었다.

마지막으로 '가설 3. 뚱이는 건물주일까?'를 검증해볼 차례이다. 뚱이는 집을 가지고 있다. 겉보기에는 그리 크지 않지만 내부로 들어가면 생각보다 아늑하고 넓은 평수에 놀라게 된다.

하지만 뚱이가 이런 집을 가지고 있다는 것 자체가 이해 불가능이다. 왜냐하면 뚱이는 일정한 직업이 없기 때문이다. 일정한 직업이 없다는 것은 월급과 같은 안정적인 수입이 없다는 것이고, 수입이 없다면 전기요금, 수도요금, 집세와 같은 비용을 감당할 수 없다는 의미가 된다.

그런데 아무리 살펴봐도 뚱이가 집세를 내는 장면은 안 나온다. 따라서 뚱이의 집은 전세가 아닌 자가 주택이라는 추측이 가능해진다. 그렇다면 일정한 직업이 없어도 기본적인 생활이 가능한 이유가 충분히 설명될 수 있다.

'뚱이는 직업이 없는데 어디서 돈이 생겨 게살버거를 사 먹을까?'에 대한 3가지 가설의 검증이 끝났다. 결과를 정리하면 다음과 같다.

[궁금증 8] 뚱이는 직업이 없는데 어디서 돈이 생겨 게살버거를 사 먹을까?

가설 1. 뚱이는 기초생활수급자?

가. 검증결과: 그럴 가능성이 충분하다.

나. 이유: 뚱이가 게살버거를 사 먹는 장면을 조사하니 총 10번이 있었다. 이 중 돈을 내고 사 먹은 경우는 5번, 나머지는 돈이 없어서 사 먹지 못했다.

뚱이는 직장이 없다. 따라서 안정적인 월급을 받을 수 없다. 그렇다면 항상 돈이 없어야 정상이다. 그런데 어떤 때는 돈이 있다. 따라서 뚱이는 어디선가 돈이 생긴다고 볼 수 있고, 기초생활수급자로 매달 얼마의 생활비를 지원받는다고 가정할 수 있다.

기초생활수급자로 혜택을 받으려면 뚱이는 어떤 국가의 국민이어야 한다. 뚱이가 살고 있는 나라의 이름은 모른다. 하지만 비키니시티에 살고 있다는 점과 비키니시티에는 경찰, 교도소, 텔레비전방송국, 우편서비스가 있다는 점에 주목해보자. 비키니시티는 우리나라로 치면 서울이나 부산 같은 어떤 국가의 한 도시라는 가정이 가능해진다. 왜냐하면 경찰과 교도소와 우편 서비스는 비키니시티 같은 조그마한 도시가 자체적으로 운영하기는 힘들 것이고, 국가라는 주체가 있어야 가능할 것이기 때문이다.

따라서 뚱이는 기초생활수급자라는 가설은 충분히 논리적이다.

가설 2. 스폰지밥 또는 뚱이 누나가 매달 용돈을 주기 때문에

가. 검증결과: 아니다.

나. 이유: 만화 속 어디에도 스폰지밥과 뚱이 누나가 용돈을 주는 장면을 찾을 수 없었다. 그렇기 때문에 이 가설은 설득력이 없다.

가설 3. 뚱이는 건물주일까?

가. 검증결과: 그럴 가능성이 충분하다.

나. 이유: 뚱이는 넓은 평수의 집을 가지고 있다. 하지만 뚱이는 일정한 직업이 없다. 만화 속 장면을 아무리 찾아봐도 뚱이가 집세 내는 장면은 없다.

따라서 뚱이 집은 전세가 아닌 자가주택이라는 추측이 가능하다. 자가주택이라면 뚱이가 별다른 직업 없이 기본적인 생활을 할 수 있는 이유도 설명이 된다. 은행에서 자기 집을 담보로 대출 받아 생활하거나, 아니면 주택연금에 가입해 일정액의 연금을 받아 생활하고 있을 것이다.

이렇게 정리된 가설을 순서대로 나열해주면 논리적인 글쓰기가 완성된다.

제목: 뚱이는 직업이 없는데 어디서 돈이 생겨

게살버거를 사 먹을까?

스폰지밥의 친구인 뚱이를 볼 때마다 '직업도 없는데 어디서 돈이 생겨 게살버거를 사 먹나?' 하는 의문이 있었습니다. 그 의문을 풀기 위해 다음의 3가지 가설을 검증해볼까 합니다.

가설 1. 뚱이는 기초생활수급자?

가설 2. 스폰지밥 또는 뚱이 누나가 매달 용돈을 주기 때문에

가설 3. 뚱이는 건물주일까?

'가설 1. 뚱이는 기초생활수급자?'에 대한 검증을 위해 뚱이가 게살버거를 사 먹는 장면을 조사해봤습니다. 돈을 내고 사 먹은 경우가 5번, 돈이 없어서 사 먹지 못한 경우가 5번이었습니다. 뚱이는 직장이 없기 때문에 안정적인 월급을 받을 수 없습니다. 그렇다면 언제나 돈이 없어야 합니다. 하지만 때로는 돈이 있습니다. 따라서 뚱이는 어디선가 돈이 생긴다고 추측할 수 있지요. 따라서 뚱이는 기초생활수급자로 매달 얼마의 생활비를 지원받는다는 가정이 설득력을 얻을 수 있습니다. 기초생활수급자의 혜택을 받으려면 뚱이는 어떤 국가의 국민이어야 합니다. 뚱이가 살고 있는 나라의 이름은 모르지만 비키니시티에 살고 있다는 것과 비키니시티에는 경찰, 교도소, 텔레비전방송국, 우편 서비스가 있다는 점을 감안하면 비키니시티는 우리나라의 서울이나 부산과 같은 도시라는 가정이 가능합니다. 왜냐하면 비키니시티처럼 조그마한 도시가 자체적으로 경찰과 교도소, 그리고 우편 서비스를 운영하기는 힘들 것이고 국가라는 주

체가 있어야 가능하기 때문입니다. 따라서 뚱이는 기초생활수급자일 수 있다는 가설은 충분히 논리적입니다.

반면 '가설 2. 스폰지밥 또는 뚱이 누나가 매달 용돈을 주기 때문에'는 전혀 설득력이 없습니다. 왜냐하면 만화 속 어디에도 스폰지밥과 뚱이 누나가 용돈을 주는 장면이 나오지 않기 때문입니다.

마지막 '가설 3. 뚱이는 건물주일까?'를 보겠습니다. 뚱이가 건물주일 가능성은 충분합니다. 왜냐하면 뚱이는 넓은 평수의 집을 가지고 있지만 일정한 직업은 없습니다. 그런데 만화 속 어디에도 뚱이가 집세 내는 장면은 없어요. 따라서 뚱이의 집은 자가주택이라는 추측이 가능합니다. 자가주택이라면 뚱이가 별다른 직업 없이 기본적인 생활을 할 수 있는 이유가 충분히 설명됩니다. 은행에서 자기 집을 담보로 대출 받아 생활하거나, 아니면 주택연금에 가입해 일정액의 연금을 받아 생활할 수 있는 것이죠.

역시나 문제 제기(뚱이는 직업이 없는데 어디서 돈이 생겨 게살버거를 사 먹을까?) → 가설 검증 → 결론(뚱이는 기초생활수급자 또는 건물주 중 하나일 것이다)라는 논리적 글쓰기 요건을 갖춘 설득력 있는 글쓰기가 완성되었다.

다시 한 번 노파심에서 정리를 하겠다. 논리는 '사고나 추리 따위를 끌고 나가는 과정이나 원리'를 뜻한다. 좀 더 쉽게 설명하자면 '생각'이라는 사람이 있다.

'생각'은 논리라는 계단을 통해 글쓰기라는 문을 열고 나가야 한다. 계단은 벽돌을 쌓듯 이어져야 한다. 그렇지 않고 군데군데 계단 사이가 빠져 있으면 위험하다.

논리적인 글쓰기와는 거리가 멀어 보이는 애니메이션을 주제로 논리적 글쓰기 방법을 정리한 이유 역시 간단하다. 논리는 무언가 근사하고 어렵고 있어 보이며 멀리 보이는 것이 아니라는 점을 강조하고 싶어서이다.

논리는 언제나 우리 일상과 함께한다. 따라서 논리적인 사고력과 글쓰기도 일상 속에서 자연스레 훈련하고 연습되어야 한다고 생각한다. 논리는 정답이 있을 수 없다. 사람마다 생각이 다르기 때문이다.

필자는 항상 나 자신과 아이들에게 '그래서'와 '왜?'라는 질문을 던진다. 논리적인 사고력을 훈련시키기 위해서인데, 참 생뚱맞은 상황에서도 가능한 훈련방법이다. 필자가 집에서 종종 사용하는 방법이다. 아이가 용돈을 올려달라고 말하면 이렇게 되묻는다.

"왜 아빠가 용돈을 올려줘야 하는지 논리적으로 설득해봐."

이 같은 질문을 던지고, 이어지는 답변에 계속해서 묻는다.

"그래서?"

"왜?"

집요하다 싶을 만큼 말꼬리를 붙잡는다. 이런 질문은 생각을 하게 만들어주는 장점이 있다.

다만 단점도 하나 있다. 그것은 바로 언젠가는 부메랑이 되어 돌아온다는 것이다. 예전에는 논리로 싸우면 아빠가 이겼는데, 지금은 10에 8번은 아빠가 지곤 한다. 하지만 그런 단점은 누구나 원하는 단점이지 않을까 싶다.

이처럼 일상생활에서 쉽게 접할 수 있는 수단이나 상황 등을 활용하면 논리적인 사고력과 글쓰기 능력을 키우는데 유용하다고 조언한다.

필자는 항상 근사한 비법은 없다고 단언한다. 있어도 결코 멀리 있지 않다. 아주 가까이에 있기 때문에 비법처럼 보이지 않을 뿐이다. 필자의 진심이 잘 전달되었기를 바란다.

두괄식 문장 쉽게 쓰기

　소논문과 사설 등 논리적인 글쓰기는 크게 3가지 방식으로 나뉜다. 두괄식, 미괄식, 양괄식이다.

　두괄식은 핵심문장이 서두에 위치하는 글쓰기방식이다. 즉 '내가 가장 강조하고 싶고 말하고 싶은 내용을 앞 문장에 배치하는 방식'이다. 미괄식은 그 반대이다. 핵심문장이 문단이나 글의 끝부분에 온다. 양괄식은 두괄식과 미괄식을 합친 방식이다.

　다시 한 번 강조한다. 논문방식 글쓰기의 70퍼센트 이상은 두괄식,

나머지 30퍼센트는 미괄식이다. 따라서 제대로 된 소논문을 쓰려면 두괄식 또는 미괄식으로 문장을 구성해야 한다. 먼저 두괄식 쓰기에 대한 방법부터 알아보자.

두괄식은 글쓰기가 산으로 가지 않는다는 장점이 있다. 그리고 상대방의 눈이 편안해진다.

두괄식은 핵심문장이 가장 앞에 위치해 있어서, 그다음에 이어지는 문장은 당연히 핵심문장을 부연 설명하는 방식으로 펼쳐진다. 그렇기 때문에 아주 자연스럽게 논리적인 문장이 만들어지는 것이다.

다음의 예시를 참고하면 이해가 더 쉬울 것이다.

범수는 전교 1등을 놓친 적이 없다. 특별한 공부비법이 있는지 물었더니 돌아온 답은 '학교 수업에 대한 예습과 복습이 전부'라고 했다. 학원도 다니지 않고 과외수업도 받지 않는다고 했다. 100퍼센트 자기주도학습의 결과라고 했다.

범수는 '학교 수업에 대한 예습과 복습이 공부의 전부'라고 했다. 학원이나 과외수업도 받지 않는다고 했다. 특별한 공부비법 없이 100퍼센트 자기주도학습의 결과로 전교 1등을 놓친 적이 없다.

읽어본 느낌을 짤막하게라도 이야기해보자. 전자와 후자의 차이
는 무엇일까?

전자는 두괄식, 후자는 미괄식으로 구성한 글쓰기방식이다. 잘 감
이 오지 않는 독자를 위해 같은 문장에 형광펜을 칠했다.

• 두괄식

범수는 전교 1등을 놓친 적이 없다. 특별한 공부비법이 있는지 물었더니 돌
아온 답은 '학교 수업에 대한 예습과 복습이 전부'라고 했다. 학원도 다니지 않
고 과외수업도 받지 않는다고 했다. 100퍼센트 자기주도학습의 결과라고 했다.

• 미괄식

범수는 '학교 수업에 대한 예습과 복습이 공부의 전부'라고 했다. 학원이나
과외수업도 받지 않는다고 했다. 특별한 공부비법 없이 100퍼센트 자기주도학
습의 결과로 전교 1등을 놓친 적이 없다.

앞서 예시로 살펴본 문장에서 말하고자 하는 핵심문장을 찾아보
자. 답은 바로 '범수는 전교 1등을 놓친 적이 없다'이다.

두괄식 글쓰기는 이 문장이 가장 앞에 나와 있다. 이어지는 문장은

전교 1등을 놓친 적이 없는 범수의 공부방법을 설명하는 내용에 지나지 않는다.

미괄식 글쓰기는 범수의 공부방법이 앞에 나와 있고, 핵심문장은 마지막에 위치해 있다. 같은 내용이지만 문장의 구성방식에 따라 느낌은 많이 달라진다.

논문은 논리적인 글쓰기라고 거듭 강조했다. 두괄식은 논리적인 느낌을 살리는 데 매우 특화된 방식이다. 앞 문장에서 이야기한 핵심문장을 뒤 문장에서 근거를 들어 설명하는 방식이기 때문이다. 논문 글쓰기의 70퍼센트 정도가 두괄식인 이유가 이것이다.

두괄식 문장은 절대 길지 않다. 두괄식의 손맛을 느끼기 위한 황금비율은 40자 이내이다. 빈칸까지 포함한 글자 수이다.

기억하자! 두괄식 첫 문장은 무조건 40자 이내로 써야 한다. 참고로 '범수는 전교 1등을 놓친 적이 없다'라는 문장은 19자이다.

맞춤법 정확하게 지키기

'진짜 잘 쓴 문장'이란 자연스럽게 잘 읽히는 문장이라고 생각한다. 미사여구가 가득한 문장이 아니라, 읽는 사람들이 아무런 의심도 의문도 궁금증도 없이 자연스레 받아들이는 문장 말이다.

특히 학문과 지적 호기심을 다양한 참고자료를 통해 설명 또는 주장하는 논증적 글쓰기, 곧 논문이라면 더더욱 중요한 포인트라고 생각한다.

개인적인 경험담을 잠시 털어놓겠다. 기자 생활을 할 때의 실수 이야기이다. 기사를 쓰다 보면 오·탈자나 구두점을 잘못 넣을 때가 가끔 있다. 그런데 참 신기하게도 그런 실수만 족집게같이 찾아내서 항의하는 독자들이 있었다.

사실 그때는 이렇게 생각했다.

'기사 내용이 중요하지 뭐 고작 오·탈자나 구두점 가지고 피곤하게 항의까지 하냐? 숲은 못 보고 나무만 보는 사람들이네.'

고생해서 쓴 글이 고작 오·탈자와 구두점 때문에 지적받는다면 기분이 좋을 수 없다. 그러나 진짜 중요한 문제는 따로 있다. 고작 그런 이유 때문에 논문의 신뢰성이 훼손된다는 사실이다.

의외로 이런 문제를 사소하게 생각하는 경우가 적지 않다. 하지만 절대 사소하지 않다는 점을 명심하고 또 명심해야만 한다. 맞춤법을 쉽게 표현하자면 오·탈자 찾기라고 볼 수 있다.

먼저 다음의 예시를 먼저 읽어보자. 실제 고3이 쓴 문장이다.

저는 어릴 적부터 과학에 관련된 것에 흥미가 있고 좋아했습니다. 그래서 tv의 동물의 왕국이 남들은 정말 지루하게 보여도 저는 강하게만 보였던 동물의 왕 사자들이 초식동물한테 뒷발로 차일때나 하이에나한테 밀리는 모습들이 재밌게 보였습니다. 제가 진짜 과학을 좋아하게 된건 tv의 로봇들이 나와서 싸우는 프로그램인 '로봇파워'라고 휴머노이드나 배틀로봇들이 나와서 싸우는 프로그램이였는데 어렸을 때 저에겐 정말 재미있었습니다. 그때부터 로봇에 관련된 서적, 기사등을 많이 보고 로봇 조립도 많이했습니다. 중간에 다른 꿈들도 많이 생각해 봤는데 다른 분야는 생각해보니까 그 직업을 평생 동안 갖고 일하면 질리고 쉽게 포기할 것 같았습니다. 그래서 생각해보니 로봇은 발전 가능성도 많고 제가 흥미가 많기 때문에 이 분야에서 일하면 열정있고 재밌게 잘할수있겠다고 생각했습니다. 고등학교에 와서 터미네이터나 리얼스틸, 트렌스포머 같은 영화를 본것을 생각하면서 현실에서도 저런 로봇들이 만들어질수있다면 트렌스포머 처럼 변신하려면 자유자재로 변형이가능한 철, 리얼스틸 처럼 가볍고도 강력한 재료, 터미네이터2에 나온 악당처럼 단단하면서도 유연한 소재가 개발되어야 된다고생각했습니다. 그래서 저런 신소재를 배울 수 있는 대학을 가면 정말 제가 열정적으로 할수있다고 생각했습니다.

어떤 느낌인지 물어보고 싶다. 십중팔구 띄어쓰기와 맞춤법이 엉망이라고 생각할 것이다. 정확히 어떤 부분이 문제인지 표시를 해보았다.

저는 어릴 적부터 과학에 관련된 것에 흥미가 있고 좋아했습니다. 그래서 tv

의 동물의 왕국이 남들은 정말 지루하게 보여도 저는 강하게만 보였던 동물의 왕 사자들이 초식동물한테 뒷발로 차일때나 하이에나한테 밀리는 모습들이 재밌게 보였습니다. 제가 진짜 과학을 좋아하게 된건 tv의 로봇들이 나와서 싸우는 프로그램인 '로봇파워'라고 휴머노이드나 배틀로봇들이 나와서 싸우는 프로그램이였는데 어렸을 때 저에겐 정말 재미있었습니다. 그때부터 로봇에 관련된 서적, 기사등을 많이 보고 로봇 조립도 많이했습니다. 중간에 다른 꿈들도 많이 생각해 봤는데 다른 분야는 생각해보니까 그 직업을 평생 동안 갖고 일하면 질리고 쉽게 포기할 것 같았습니다. 그래서 생각해보니 로봇은 발전 가능성도 많고 제가 흥미가 많기 때문에 이 분야에서 일하면 열정있고 재밌게 잘할수있겠다고 생각했습니다. 고등학교에 와서 터미네이터나 리얼스틸, 트렌스포머 같은 영화를 본것을 생각하면서 현실에서도 저런 로봇들이 만들어질수있다면 트렌스포머 처럼 변신하려면 자유자재로 변형이가능한 철, 리얼스틸 처럼 가볍고도 강력한 재료, 터미네이터2에 나온 악당처럼 단단하면서도 유연한 소재가 개발되어야 된다고생각했습니다. 그래서 저런 신소재를 배울 수 있는 대학을 가면 정말 제가 열정적으로 할수있다고 생각했습니다.

맞춤법을 잘못 사용한 사례가 정말 많지만, 그중에서 몇 가지만 짚어보겠다.

우선 '차일때나'를 보자, 바른 표현은 '차일 때나'이다. '열정있고' '만들어질수있다면' 등도 '열정 있고'와 '만들어질 수 있다면'이 바른 표현이다.

기자 출신인 나도 맞춤법과 띄어쓰기 실수할 때가 종종 있다. 글쓰기에 비전문가인 학생들은 더욱 힘들 수밖에 없다. 하지만 크게 걱정할 필요는 없다. 조금만 신경 쓰면 간단하게 해결할 수 있다.

필자가 제시하려는 방법은 2가지이다. 하나는 워드프로그램의 맞춤법 교정기능을 활용하는 것이고, 다른 하나는 인터넷사이트의 맞춤법 기능을 활용하는 것이다.

먼저 첫 번째로는 워드프로그램의 맞춤법 교정기능을 알아보겠다. 한글이나 훈민정음, MS워드 같은 워드프로그램에는 맞춤법을 교정해주는 기능이 있다. 이 기능으로 어지간한 띄어쓰기와 오·탈자는 해결 가능하다.

이제 한글프로그램 기준으로 예를 들어보겠다. 한글프로그램 맨 위를 보면 '도구'라는 단어가 보인다. 이 '도구'를 클릭해보자.

그럼 하위 메뉴가 나올 것이다. 이 하위 메뉴의 바로 맨 위에 '맞춤법'이라고 되어 있는데, 이걸 클릭하면 또다시 '맞춤법 검사/ 교정'이라는 창이 생긴다.

여기서 '시작'이라는 아이콘을 누르면 자동적으로 맞춤법 검사가 시작된다. '시작'을 누르면 문제가 되는 단어를 찾아낸다. '바꾸기'를 누르면 올바른 표현으로 바꿔준다.

참 쉽다. 그러나 프로그램만 맹신하면 안 된다. 프로그램에도 한계가 있기 때문이다. 예를 들어 ' ~처럼'이라는 문장이 있다고 가정해보겠다. 때때로 맞춤법 기능이 ' ~저럼'이라는 표현으로 바꾸라고 할지도 모른다.

그러므로 맞춤법 기능을 돌려본 후 그대로 끝내서는 결코 안 된다. 맞춤법 기능으로 고친 내용을 하나하나 다시 읽어보면서, 제대로 수

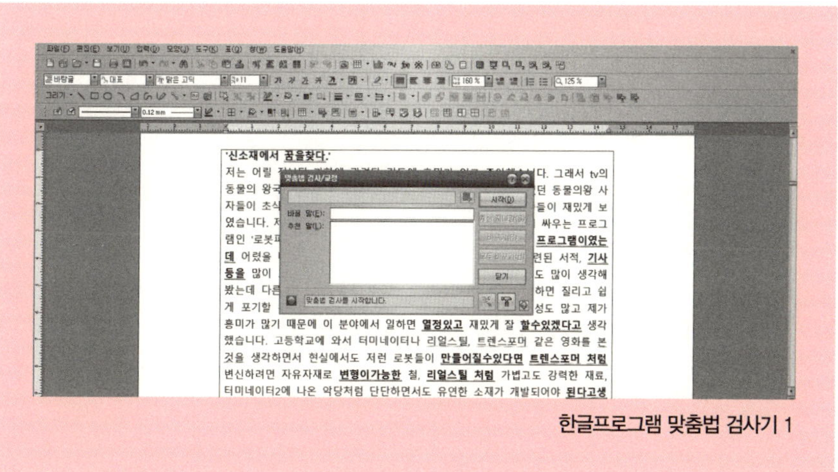

한글프로그램 맞춤법 검사기 1

한글프로그램 맞춤법 검사기 2

정되었는지 그리고 어색한 표현은 없는지 살펴보는 과정을 반드시 거쳐야만 한다.

두 번째는 인터넷사이트에서 제공하는 맞춤법 기능을 활용하는 것이다. 국내 유명 인터넷포털사이트를 기준으로 설명하겠다. 포털사이트의 검색창에 '맞춤법 검사기'라는 검색어를 입력하면 다음과 같은 화면으로 연결된다.

왼쪽 박스에 맞춤법 검사가 끝난 문장을 붙여 넣은 다음 '검사'라는 아이콘을 클릭해보자. 그럼 오른쪽 박스에 다음과 같은 결과가 나타난다.

170

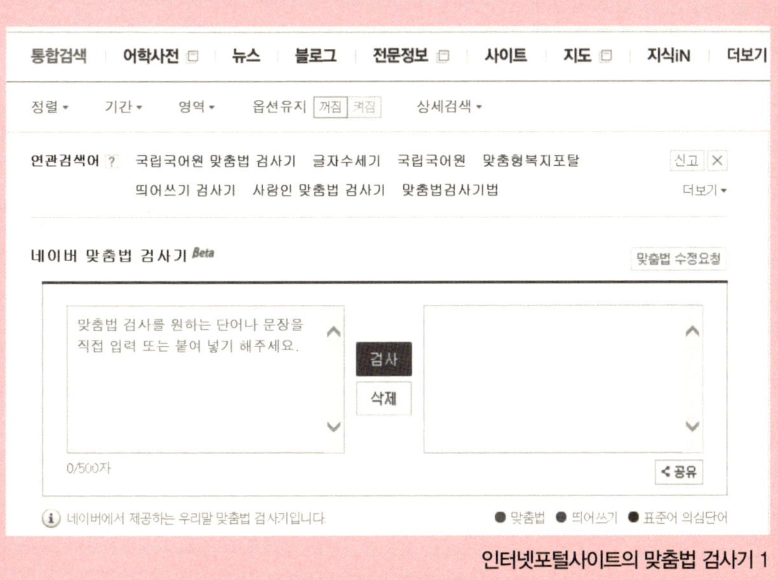

인터넷포털사이트의 맞춤법 검사기 1

인터넷포털사이트의 맞춤법 검사기 2

맞춤법과 띄어쓰기, 표준어 의심 단어까지 문제가 될 만한 내용을 구분해서 결과를 알려주기 때문에 많은 도움이 될 것이다. 국립국어원에서 제공하는 맞춤법 검사기를 활용하면 더욱 정확해진다.

정보의 바다, 인터넷

미리 소논문과 소논문, 그리고 논문 등의 논리적 글쓰기에는 풍부한 자료가 필수적이다.

이번에는 쌀과 쌀독을 예시 삼아 설명해보겠다. 쌀독에 쌀이 가득하면 쌀을 퍼내기도 쉽지만 필요에 따라 쌀을 골라내기도 쉽다. 하지만 쌀독에 쌀이 얼마 없다면 퍼내기도 힘들뿐더러 골라낼 것도 별로 없다.

이 쌀로 밥을 짓는다고 가정해보자. 쌀독에 쌀이 가득하면 보기 좋고 먹기 좋은 쌀알을 골라내서 밥을 지을 수 있다.

하지만 그렇지 않다면? 찬밥 더운밥 가릴 처지가 아니므로, 그냥 밥을 지어야 한다.

여기서 쌀독은 논리적 글쓰기를, 쌀은 참고자료를 의미한다. 쌀독, 곧 소논문의 질적인 성패도 쌀, 곧 참고자료에 달려 있다는 것이다. 그러므로 논리적 글쓰기의 주제를 선정했다면, 그 주제와 관련된 참고자료가 얼마나 많은지를 따져보고, 그 주제로 글을 쓸지 말지 결정할 줄 알아야 한다.

참고자료를 찾는 가장 빠르고 간편한 방법은 인터넷이다. 컴퓨터뿐 아니라 스마트폰 등으로도 쉽게 검색할 수 있다는 크나큰 장점이 있기 때문이다.

이와 동시에 사실과 다른 잘못된 자료도 많다는 것은 심각한 단점이 아닐 수 없다. 이 단점을 극복하는 방법은 무엇인지 뒤에서 자세히 설명하겠다.

학술정보검색서비스를 찾아본다

소논문 작성에 추천하는 학술정보검색서비스로는 디비피아(www.

dbpia.co.kr)와 KRpia(www.krpia.co.kr)가 있다. 아쉽게도 학술정보검색서
비스 중에는 유료인 경우가 많은데, 이는 학계로부터 검증받은 자료
이기 때문이다.

디비피아와 KRpia에서 쉽고 간편하게 정보 찾는 법을 설명하겠
다. 예를 들어보자. A 군은 순왜를 주제로 한 소논문을 쓸 계획이고,
자료는 KRpia에서 찾을 예정이다.

KRpia 홈페이지

먼저 KRpia의 홈페이지 메인을 보자. 상단에 있는 검색창에 자신
이 찾고자 하는 키워드를 입력한 후 돋보기 모양을 클릭한다.

KRpia의 '순왜' 검색 결과

국가전자도서관(www.dlibrary.go.kr)은 국립중앙도서관, 국회도서관, 법원도서관, 한국과학기술원도서관, 한국과학기술정보연구원, 한국교육학술정보원, 농업진흥청 농업과학도서관, 국방전자도서관의 8개 공공기관 자료를 검색할 수 있는 사이트이다.

원문을 바로 볼 수 있는 자료도 있지만, 협약을 맺은 기관의 전산망을 통해 접속해야 하거나, 도서관으로 직접 방문을 해야만 볼 수 있는 자료도 있다.

이 외에도 구글학술검색(scholar.google.co.kr), 국내 포털사이트의 전문정보(academic.naver.com), 카인즈(www.kinds.or.kr), JSTOR(www.jstor.org) 등도 많이 알려진 학술검색사이트이다.

학습정보검색사이트별 종류와 특징은 다음과 같다.

명칭	특징
국가전자도서관 www.dlibrary.go.kr	유료+무료, 8개 공공기관 자료를 한 번에 검색해준다. (국립중앙도서관, 국회도서관, 법원도서관, 한국과학기술원도서관, 한국과학기술정보연구원, 한국교육학술정보원, 농업진흥청 농업과학도서관, 국방전자도서관)
구글 학술 검색 scholar.google.co.kr	유료+무료, 논문과 각종 단행본 검색 가능하다.
디비피아 www.dbpia.co.kr	유료, 국문뿐 아니라 외국어(영어, 일어, 중국어 등) 작성 논문이 검색 가능하다.
네이버 전문정보 academic.naver.com	유료+무료, 논문과 각종 단행본, 국가기록물 등을 제공한다.
카인즈 www.kinds.or.kr	국내 최대 뉴스검색사이트이다. (각종 기사 및 뉴스 검색 가능)
JSTOR www.jstor.org	해외저널+학술자료가 검색 가능하다.
KRpia www.krpia.co.kr	유료+무료, 논문과 각종 단행본이 검색 가능하다.
교보문고스콜라 scholar.dkyobobook.co.kr	유료+무료, 학회지 및 연구간행물 원문 정보를 제공한다.
국가통계포털 www.kosis.kr	국가승인통계를 제공한다.
교과 연계 학습자료 검색	• 국립중앙과학관 www.science.go.kr • 교수학습지원센터 www.classroom.re.kr • 한국과학창의재단 사이언스올 www.scienceall.com • 에듀넷 www.edunet.net

인터넷 백과사전의 도움을 받는다

위키피디아는 대표적인 인터넷백과사전서비스이다. 그 외에도 가장 많이 검색되거나 주요 이슈가 되는 표제어를 기획별·주제별로 분류해서 제공하는 포털사이트의 캐스트 역시 많이 활용하는 추세이다.

이 책에서는 위키피디아를 예로 설명하겠다. 위키피디아는 사용자들의 자발적인 참여로 만드는 참여형 백과사전이다 보니 몇몇 문제가 발생하곤 한다. 출처가 불명확하거나, 사실과 다르거나, 아예 잘못된 정보이거나, 저작권 등 법적으로 문제가 될 수 있는 경우를 무시할 수 없기 때문이다.

소논문은 규모가 작긴 해도 엄연한 논문이다. 그러다 보니 위키피디아와 같은 인터넷백과사전과 온라인포털을 활용한 자료수집에는 상당히 부정적인 입장을 취할 수밖에 없다.

논문은 학위논문이든 소논문이든 권위가 필요하다. 학문적 권위 말이다. 학문적 권위는 권위 있는 참고자료에서 시작된다.

학위논문의 참고문헌을 보아도 위키피디아 또는 온라인포털을 출처로 넣은 경우는 찾아보기가 어렵다. 이 역시 같은 이유 때문이다.

따라서 인터넷에서 정보를 찾을 때는 가급적 앞에서 언급한 학술정보검색사이트를 활용하도록 습관을 들이자.

예를 하나 들어보자. 아래 논문은 한국정치학회에서 우수 논문상을 받은 서울대 대학원 박사학위논문의 일부이다.

이 논문을 소개하는 이유는 간단하다. 학회에서 우수논문상을 수상할 정도의 논문이라면 소논문의 시작과 끝까지 제대로 배울 수 있는 훌륭한 멘토로 더없이 적합하기 때문이다. 이 논문의 제목은 〈20세기 초 미 육군 개혁과정〉이다. 어렵게 생각하지 말고, 내용의 이해가 아닌 논문 형식의 이해를 위해 차근차근 보자.

배타적인 집단으로 만들려는 시도로 비판되었다[1)]

이와 같은 형식으로 표현된 것을 '각주'라 한다. 각주는 '논문 등 논리적인 글을 쓸 때, 본문의 어떤 부분의 뜻을 보충하거나 풀이한 글을 본문의 아래쪽에 따로 단 것'이라는 의미이다. 각주는 인용하기와 참고문헌의 2가지 형태가 일반적이며, 논문을 쓸 때 참 많이 활용된다.

다음은 참고문헌을 밝히는 각주이다.

Peter Daniel Skirbunt, Prologueto Reform: The Germanization of the United States Army, 1865-1898, Ph. D. Dissertation, The Ohio State University, 1983, p, 3.

우리말로 옮기면 이 정도로 가능하겠다.

피터 대니얼 스킬번트, 개혁의 시작: 미 육군의 독일화, 1865-1898, 박사학위논문, 오하이오주립대학교, 1983년, 3페이지

무슨 말인지는 몰라도 상당한 권위가 느껴질 것이다. 특히나 미국 대학교의 박사학위논문을 참고했으므로 더더욱 신뢰할 수 있다는 느낌이 들 것이다.

하지만 다음과 같다면 어떨까? 2가지 경우를 비교해보자.

〈 각주의 출처가 위키피디아인 경우 〉

육군 대학의 설립 등 육군 교육 체제의 개선도 군을 강화하고 군대를 배타적인 귀족집단으로 만들게 될 것이라는 이유로 거부되었

다. 정규군에 대한 거부는 주로 건국 이전 식민시기에 형성되고 강화된 것이었다. 이 시기 동안 정규군은 식민 모국의 수탈 기구였을 뿐 아니라 미국이 새로운 이상으로 삼았던 평등하고 자유로운 사회를 위협하는 사회적 압제의 도구로 인식되었다. 따라서 미국은 건국 이후 사관학교의 입학 정원을 지역적으로 분배하는 등 정규군이 배타적인 특권 집단이 되는 것을 크게 경계해 왔다. 이러한 관점에서 육군 대학의 설립과 군 교육 체계의 강화는 군대를 강화하는 동시에 군을 배타적인 집단으로 만들려는 시도로 비판되었다. [1]

---

1) 육군 대학은 또 프러시아 독일군 개혁의 상징으로 독일 군국주의를 미국에 도입하는 시도로 비판되기도 하였다. 육군 대학은 프러시아가 나폴레옹 군대에게 패배한 뒤 일군의 개혁 세력이 육군 쇄신을 위해 세운 대표적인 기구 중 하나였기 때문이다. 미 육군의 개혁과정, 위키피디아(https://ko.wikipedia.org)

〈 각주의 출처가 전문 논문인 경우 〉

　육군 대학의 설립 등 육군 교육 체제의 개선도 군을 강화하고 군대를 배타적인 귀족집단으로 만들게 될 것이라는 이유로 거부되었다. 정규군에 대한 거부는 주로 건국 이전 식민시기에 형성되고 강화된 것이었다. 이 시기 동안 정규군은 식민 모국의 수탈 기구였을 뿐 아니라 미국이 새로운 이상으로 삼았던 평등하고 자유로운 사회를 위협하는 사회적 압제의 도구로 인식되었다. 따라서 미국은 건국 이후 사관학교의 입학 정원을 지역적으로 분배하는 등 정규군이 배타적인 특권 집단이 되는 것을 크게 경계해 왔다. 이러한 관점에서 육군 대학의 설립과 군 교육 체계의 강화는 군대를 강화하는 동시에 군을 배타적인 집단으로 만들려는 시도로 비판되었다.[1]

1) 육군 대학은 또 프러시아 독일군 개혁의 상징으로 독일 군국주의를 미국에 도입하는 시도로 비판되기도 하였다. 육군 대학은 프러시아가 나폴레옹 군대에게 패배한 뒤 일군의 개혁 세력이 육군 쇄신을 위해 세운 대표적인 기구 중 하나였기 때문이다. Peter Daniel Skirbunt, Prologue to Reform: The Germanization of the United States Army, 1865~1898, Ph. D. Dissertation, The Ohio State University, 1983, p. 3.

내용은 동일하다.

앞의 예시는 출처가 인터넷 위키피디아이고, 뒤의 예시는 출처가 전문 논문이다. 십중팔구 2가지 예시를 같은 수준으로 신뢰하기는 어려울 것이다. 따라서 인터넷 출처는 참고만 하는 수단으로 활용하는 것이 좋겠다.

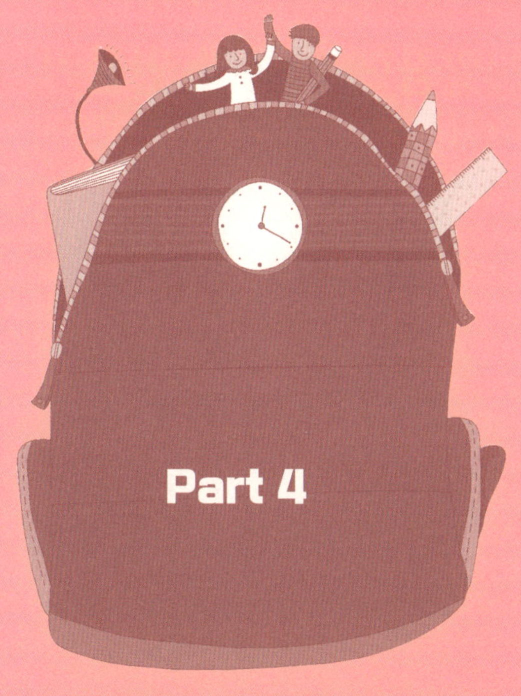

Part 4

논리적인 글쓰기를
돕는 기법

깔끔하게 목차 만들기

워드프로그램으로 목차 만드는 방법을 익혀두면 여러모로 편리하다. 소논문을 처음 쓰는 학생들이 궁금해하는 질문 베스트 10에 포함되는 것 중 하나가 워드프로그램으로 목차 만드는 방법이다.

일단 다음의 예시를 보자. 앞에서 언급한 서울대 대학원 박사학위 논문의 서론이다.

이 서론의 형태대로 워드프로그램을 활용해 작성해보라고 하면 대개 '점선(…)'에서 막혀버린다. 예시에 있는 '…'은 중앙에 위치해 있다. 하지만 컴퓨터 자판을 아무리 들여다봐도 '…'을 쳤을 때 중앙으로 오지 않는다.

이런 일이 생기는 이유는 이런 기능 자체를 쓸 기회가 없었기 때문이다. 예시처럼 목차를 만들려면 '차례 만들기' 기능을 활용해야 한다. 다음의 순서대로 하면 목차 만들기도 쉽게 완성된다.

(1) 도구 → 차례 · 찾아보기 → 차례 만들기의 순서대로 클릭한다.

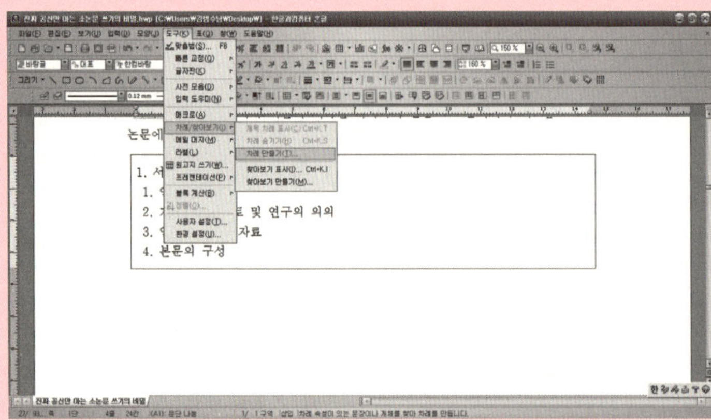

(2) '차례 만들기'라는 별도의 팝업창이 생성된다.

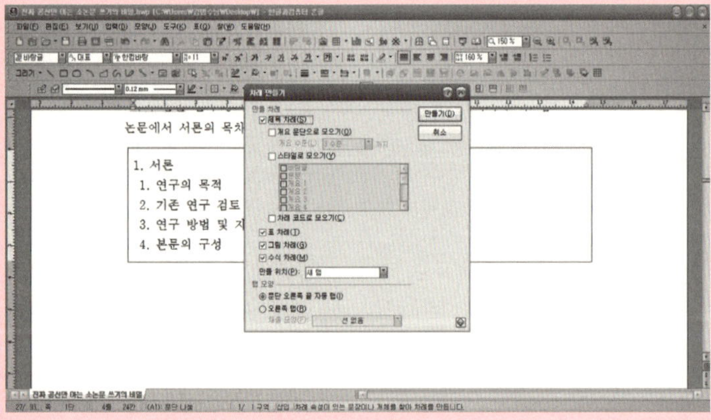

(3) 제목 차례 √ → 스타일로 모으기 √(본문, 개요 등 본인에게 필요한

항목 선택) → 만들 위치: 현재 문서의 커서 위치 → 탭 모양: 오른쪽 탭

→ 채울 모양: 클릭 후 원하는 모양을 선택한다.

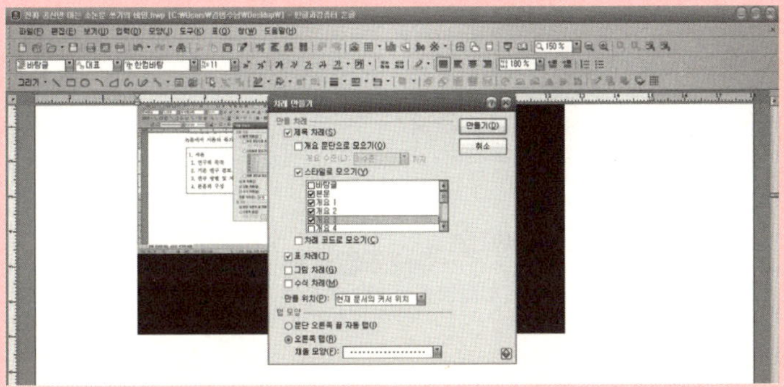

(4) '만들기'를 클릭한 다음 위의 표에서 원하는 형태로 수정한다.

저작권의 중요성

소논문을 포함한 모든 논리적 글쓰기에서 조심해야 할 것이 있다. 바로 저작권이다. 저작권이란 곧 '소유권'이라 생각하면 된다. 내가 만든 자료, 책, 영상, 음악 등의 권리는 나 자신에게 있다는 의미이다.

소논문은 각주와 참고문헌 등을 통해 자신이 참고하거나 활용한 각종 자료의 출처를 밝힌다. 왜 그럴까? 바로 저작권 문제 때문이다.

저작권 문제를 쉽게 생각했다가는 큰 문제가 생기기 십상이다. 잊을 만하면 터지는 유명 연예인이나 정치인의 논문 표절 논란이 대표적인 사례라고 할 수 있겠다. 평소부터 저작권에 대한 바른 이해가 필요한 이유이다.

저작권, 묻지도 따지지도 않고 무조건 있나요?

이 질문에 대한 대답은 다행히도 '아니'다.

세상에는 저작권을 보호받는 저작물도 있지만 아닌 저작권도 많기 때문이다. 바로 '공유저작물(기증저작물)'이다. '자유이용저작물'이라고도 칭히며, 이 경우는 공공의 이익을 위해 모두가 자유롭게 활용할 수 있다.

- 국가 · 지방자치단체의 고시, 공고, 훈령

- 사실전달에 불과한 시사 보도

- 헌법, 법률, 조약, 명령, 조례, 규칙 등 법령

- 법원의 판결, 결정, 명령, 심판, 행정심판절차

- 국가 · 지방자치단체가 작성한 상기의 편집물 또는 번역물

- 지적재산권이 소멸된 저작물

- 저작권자가 지적재산권을 포기한 저작물

- 저작권의 보호기간이 만료된 저작물

- 저작권자가 무료로 이용하도록 허락한 저작물

- 저작권 기증저작물

기증저작물은 한국저작권위원회의 공유마당(http://gongu.copyright.or.kr)과 사진저작권관리협회(http://www.photocopyright.or.kr), 정보공유라이선스(http://www.freeuse.or.kr), 국가, 지방자치단체, 공공기관 등이 공공저작물 정보를 통합 제공하는 공공누리포털(http://www.kogl.or.kr) 등에서 확인 가능하다.

그러나 아무리 공유저작물이라 해도 마음대로 가져다 쓸 수는 없는 법이다. 어떤 용도로든 자유롭게 활용이 가능한 저작물도 있지만, 출처를 표시한 후 비영리 목적으로만 활용할 수 있는 저작물도 있다. 공유저작물의 세계는 무척이나 다양하기 때문에, 해당 저작물의 사용조건을 사전에 확인하고 그 후에 사용해야 한다.

또 다른 방법도 있다. 저작권자의 허락 없이도 저작물의 자유이용이 가능한지를 따져보는 것이다. 저작권법상 저작물의 자유이용이 가능한 구체적인 경우는 다음과 같다.

- 정치적 연설 등의 이용

- 학교 교육 목적 등의 이용

- 시사보도를 위한 이용

- 시사적인 기사 및 논설의 복제 등

- 공표된 저작물의 인용

- 사적 이용을 위한 복제

- 도서관 등에서의 복제

- 시험문제로서의 복제

- 그 밖의 경우

소논문 작성에서 가장 조심해야 할 저작권 문제는 영리목적 활용을 위한 출판에 있다. 소논문을 모아서 시중에 종이책으로 출간하거나 전자책으로 출간하는 경우는 저작권에 위배된다.

비영리적인 학문연구활동을 위한 소논문 작성은 문제없지만 그 선을 넘어 영리적인 목적을 추구한다면 논문에서 인용한 저작권자들의 동의를 일일이 받아야 한다. 명심하자.

공공누리 홈페이지

공유마당 홈페이지

한국사진저작권관리협회공유저작물 홈페이지

정보공유라이선스 홈페이지

스마트한 방법으로
설문조사를 해보기

소논문을 작성하다 보면 설문지를 활용해야 하는 경우가 적지 않다. 얼마 전 초등학교 6학년짜리 딸이 컴퓨터로 뭔가를 열심히 프린트하는 모습을 보았다.

- 곤충이 학교 급식으로 나오는 것을 어떻게 생각하나요?
- 곤충이 학교 급식으로 나온다면 어떤 종류가 좋겠습니까?

곤충 내용으로 가득한 설문지였다. 이유를 물어보니 교육청 과학 토론대회에 학교 대표로 출전하는데, '설문지로 친구들의 의견을 조사해야 한다'는 것이었다. 수십 명을 대상으로 설문지를 뽑으려니 종이도 수십 장씩 써야 했다.

만약 설문지를 활용해야 한다면 어떻게 할 것인가? 대부분 워드프로그램으로 설문지를 만든 다음 프린트하는 모습을 상상할 것이다. 하지만 필자는 이런 방식을 선호하지 않는다.

A4용지 4박스를 만드는 데에는 30년 된 원목 1그루가 필요하다고 한다. 딸아이의 미래를 생각할 때 반가울 수만은 없다. 이 같은 이유에서 인터넷을 활용해 설문하는 방법을 소개하려 한다.

먼저 인터넷포털사이트에서 '오피스폼'이라는 검색어를 입력하고 들어가보자. 다음과 같은 화면이 뜰 것이다. 설문지 작성은 ▲폼을 클릭하는 데에서 시작이다.

폼을 클릭하면 ▲서술형 설문 ▲단일 선택형 설문 ▲복수 선택형 설문 등 다양한 형태의 설문조사 폼이 나타난다(인터넷포털사이트의 오피스폼 설문 만들기 1).

단일 선택형 설문을 선택하면 다음과 같은 형태로 나타난다. '아!

이런 형태의 설문지를 작성할 수 있구나!' 하는 일종의 미리보기라고

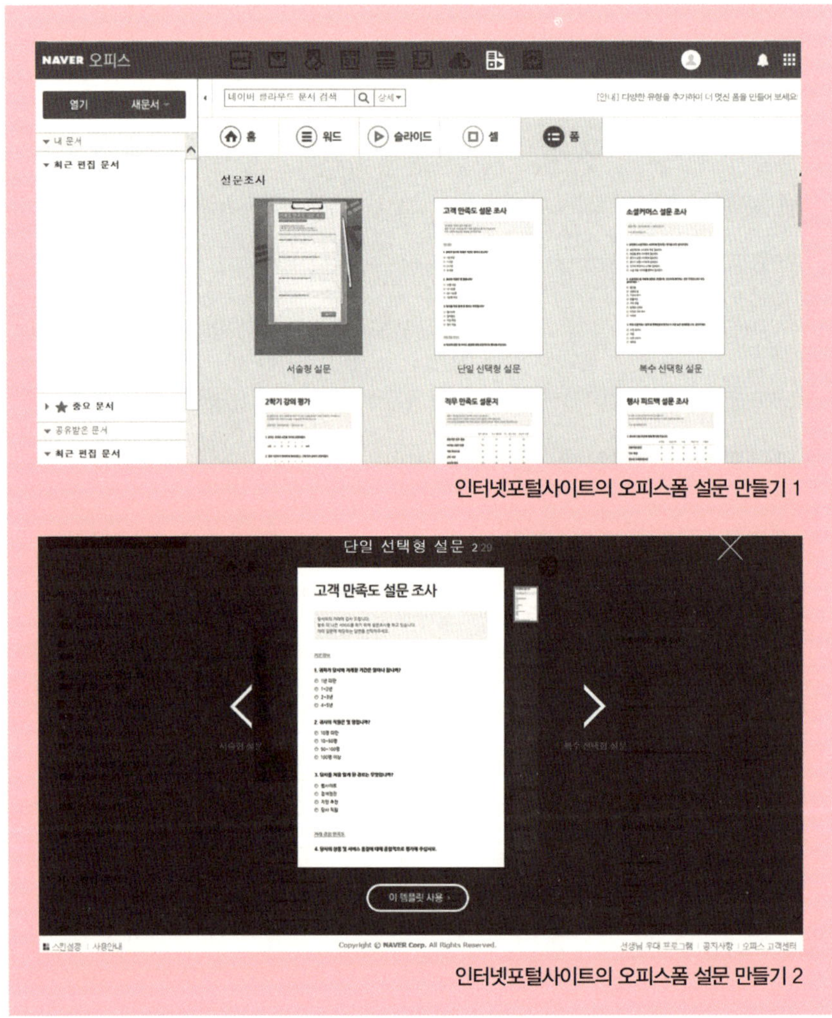

인터넷포털사이트의 오피스폼 설문 만들기 1

인터넷포털사이트의 오피스폼 설문 만들기 2

생각하면 된다.

이 설문지를 활용하고 싶다면 아래에 있는 '이 탬플릿 사용'을 클릭하자.

바로 다음과 같이 문항별로 수정할 수 있는 화면으로 연결이 될 것이다. 자신에게 필요한 형태로 편집해서 사용하면 된다. 별다른 설명이 필요 없을 정도로 간단하다.

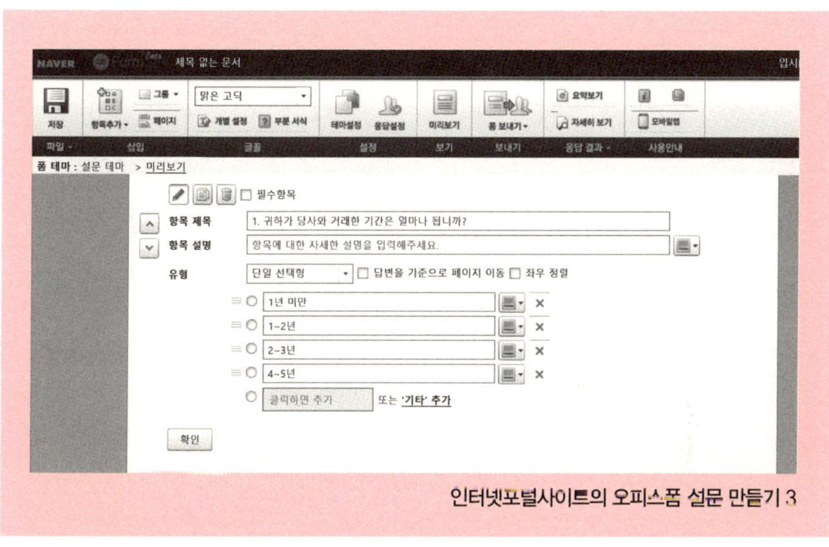

인터넷포털사이트의 오피스폼 설문 만들기 3

예시로 〈당신은 삐라에 대해 들어본 적이 있습니까?〉로 제목을 바꾼 후 '들어본 적 있다'와 '처음 듣는다'의 2가지 선택지를 만들었다(인

터넷포털사이트의 오피스폼 설문 만들기 4). 그런 다음 확인 버튼을 클릭하면

'인터넷포털사이트의 오피스폼 설문 만들기 5' 이미지가 나온다.

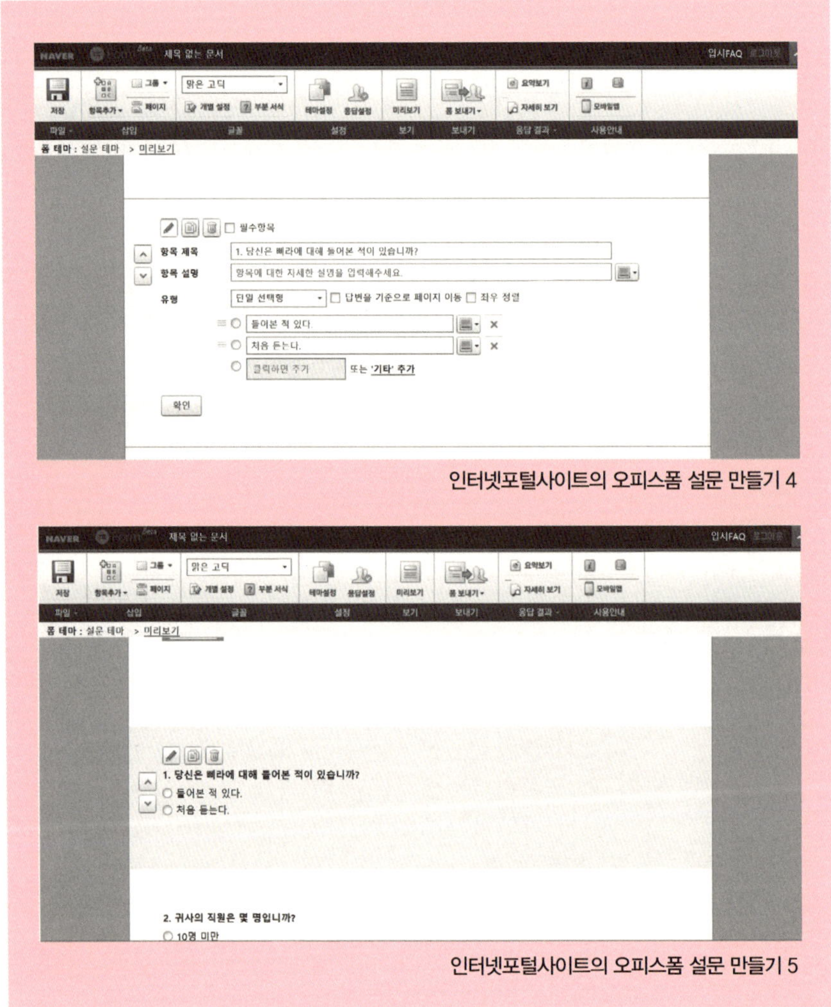

인터넷포털사이트의 오피스폼 설문 만들기 4

인터넷포털사이트의 오피스폼 설문 만들기 5

미리보기를 통해서 실제 설문지의 형태를 확인할 수 있다. 설문지

작성이 최종적으로 끝났다면 저장을 하면 된다. 저장 버튼은 페이지

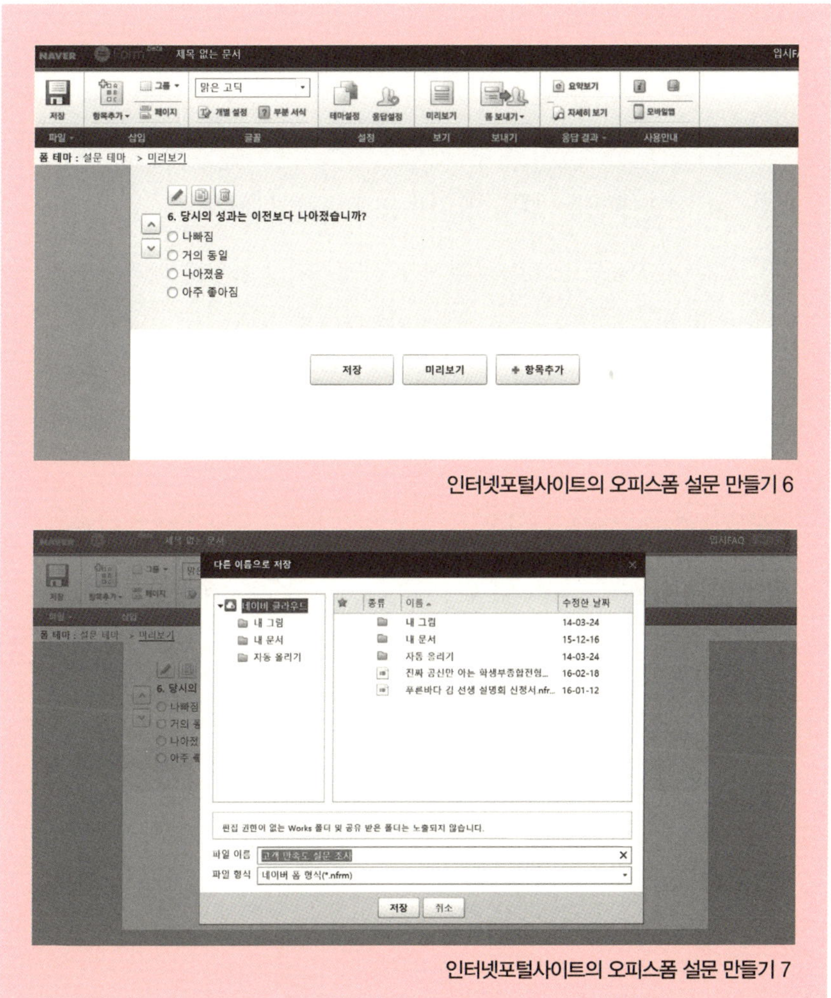

인터넷포털사이트의 오피스폼 설문 만들기 6

인터넷포털사이트의 오피스폼 설문 만들기 7

하단에 있다(인터넷포털사이트의 오피스폼 설문 만들기 6 참조).

저장 버튼을 클릭하면 다음의 이미지처럼 팝업창이 뜬다. 확인 후 최종적으로 저장을 진행하면 된다.

설문지를 만들었으면 설문 대상자들에게 설문지를 보내야 한다. 오피스폼 상단에 있는 '보내기' 항목을 클릭하면 ▲URL로 보내기 ▲메일로 보내기 ▲블로그로 보내기 ▲웹페이지에 삽입이 나타난다.

이 중에서 본인에게 필요한 방법을 선택해 설문지를 발송하면 된다.

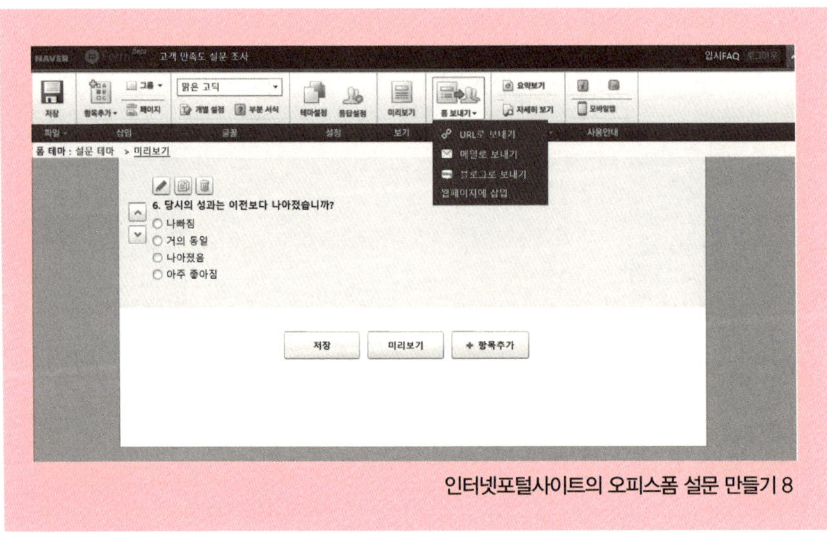

인터넷포털사이트의 오피스폼 설문 만들기 8

설문지를 발송하면 설문 대상자들이 설문지를 작성할 때까지 기다리자. 설문 대상자가 설문을 완료하면 작성자 이메일로 바로 통보가 온다.

폼 보내기 오른쪽 상단에 있는 '요약보기'를 활용하면 항목별 설문 결과도 구체적으로 확인할 수 있다.

도끼 집중 연습

FTA? 도움 된다? 안 된다?

(2,600자)

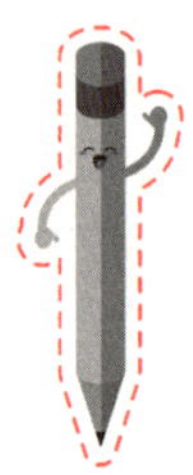

난 호주에서 온 체리야. 한 · 호주 FTA로 가격이 싸졌지!

나는 체리라고 해. 슈퍼마켓에 가면 어렵지 않게 볼 수 있지? 맛이 좋고 암 예방에 효과적이라는 사실이 알려지면서 찾는 사람이 많아지고 있어.

내 고향은 호주야. 멀리서도 왔지? 체리는 한국에서도 생산되지만, 생산량도 적고 가격도 비싸서 나 같은 외국 체리가 많이 들어와 있지. 특히 호주 체리는 지난해부터 수입량이 대폭 늘어나고 있단다.

그 이유가 궁금하지?

지난해 12월 한국과 호주 간의 FTA협정이 발효되었기 때문이야. FTA협정은 '자유무역협정'이라고 하는데, 국가와 국가 간의 무역에서 관세를 크게 줄이거나 아예 없앰으로써 더 많은 종류의 상품을 더욱 싸게 사고팔 수 있도록 하자는 것이지.

외국 물건은 한국에 들어올 때 관세를 내야 해. 한국 물건도 외국에 수출될 때 관세를 내야 하지. 왜냐고? 시장과 슈퍼마켓을 한번 생각해봐. 똑같은 물건이라도 슈퍼마켓보다는 시장에서 사는 가격이 훨씬 저렴하잖아? 국가 간의 무역도 마찬가지야.

예컨대 쌀이라고 해보자. 쌀은 우리 주식이잖아. 한국뿐 아니라 동남아시아, 미국 등 많은 국가에서 쌀농사를 짓잖아. 근데 외국 쌀이 한국 쌀보다 가격이 훨씬 더 싸다고 생각해봐.

예를 들어볼까? 만약 한국 쌀이 10킬로그램에 2만 원, 미국 쌀이 10킬로그램에 1만 원이라고 하자. 미국 쌀 10킬로그램이 한국에서 1만 원에 팔린다면 한국 쌀 농가들은 어떻게 되겠어? 사람들은 가격이 훨씬 저렴한 미국 쌀에 관심을 가지게 될 거야. 그러면 한국 농가들은 쌀이 안 팔리니깐 더 이상 쌀농사를 지을 수가 없지. 그걸 예방하기 위해 관세를 매기는 거야.

미국 쌀이 국내로 들어올 때 100퍼센트의 관세를 매기면 가격은 한국 쌀과 같은 10킬로그램에 2만 원이 되지? 그럼 같은 값이면 사람들은 국내에서 생산된 한국 쌀을 찾게 될 거야. 하지만 FTA는 그런 관세를 크게 줄이거나 없애자는 것이지.

호주 체리를 찾는 사람들이 갑자기 많아진 것도 한국과 호주가 FTA로 관세를 없앴기 때문이야. FTA 체결 전에는 관세를 24퍼센트 내야 했지만, FTA가 체결되면서 관세 낼 필요가 없어졌어. 가격이 싸지니 더 많은 사람들이 나를 찾고. 예전에는 체리 5킬로그램에 관세를 포함하면 8만 7,000원 정도였지만 이제 관세가 없어서 1만 7,000원가량 싸졌어.

호주 옆 동네 뉴질랜드에서 온 체리와 비교하면 그 차이를 금방 알 수 있지. 나는 슈퍼마켓에서 250그램 1팩이 7,900원이지만 관세를 내는 뉴질랜드 체리는 9,900원이야. 너희라면 어떤 걸 사겠니?

나는 FTA를 통해서 국내 소비자들에게 훨씬 더 저렴한 가격에 판매될 수 있어서 정말 좋아. 이런 식으로 관세가 낮아지거나 없어지면 서민들의 생활과 관련 깊은 수입품의 가격이 상당히 싸지겠지? 소비자들은 좋은 물건을 값싸게 살 수 있고 선택의 폭도 그만큼 다양해질 거야. 그래서 난 FTA를 찬성해.

너희 생각은 어떠니?

나는 한국이 고향인 수국이야. FTA 때문에 힘들어

나는 여름을 대표하는 꽃 수국이야. 내 고향은 한국이지. 경기도 고양에서 태어났단다. 요즘 우리 수국은 걱정이 많아. 우리를 찾는 사람들이 점점 줄고 있기 때문이지. 콜롬비아에서 온 수국 때문이야.

너희는 잘 모르겠지만 콜롬비아는 네덜란드 다음으로 꽃을 많이 수출하는 나라야. 해발 1,500~3,000미터인 안티오키아 지방과 보고타 분지는 연중 기온이 18~25도로 화훼 재배의 최적지로 꼽힌단다.

콜롬비아는 꽃의 나라인 네덜란드의 대형 화훼업체들이 최상의 환경과 낮은 인건비를 쫓아 대규모 생산기지로 만든 나라야. 천혜의 자연환경과 네덜란드의 기술력이 더해진 콜롬비아 수국은 품질이 우수하다는 평가를 받아.

콜롬비아산 수국은 1송이에 2,700원 정도에 팔리고 있어. 1송이당 생산원가는 1달러(1,000원)가 채 안되지만 미국을 거쳐 국내로 들어오는 항공비 1.2~1.5달러(1,200~1,500원)와 관세가 더해져 그렇게 팔리는 것이지.

우리 한국 수국은 얼마냐고? 생산이 많은 4~7월에는 2,300원 정도야. 콜롬비아 수국보다는 더 싸지? 그런데 뭐가 걱정이냐고?

문제는 이 시기만 벗어나면 국내산 수국은 생산량이 적기 때문에 1송이당 1만 원까지 올라간다는 사실이야. 하지만 콜롬비아산 수국은 봄, 여름, 가을, 겨울 관계없이 1년 내내 일정한 가격으로 공급 가능하단다.

2012년 한 해 동안 국내에 수입된 콜롬비아 수국은 무려 232만 6,605송이라고 해. 한국과 콜롬비아 간 FTA가 본격적으로 발효되면 콜롬비아산 수국에 매기던 관세도 없어질 거야.

그럼 우리 한국산 수국을 찾는 사람들이 점점 줄어들 거야. 우리를 키워줄 농가도 점점 없어지겠지. 그렇게 되면 국내 화훼농가는 설 자리가 없어진단다. 꽃을 키워서 생계를 이어나가던 많은 사람들이 일자리를 잃게 된다는 거야. 그래서 난 FTA가 무조건 좋다고 말하기 힘들어.

너희 생각은 어떠니?

한국의 FTA 현황

우리나라는 안정적으로 해외시장을 확보하고 우리 경제의 경쟁력을 강화하기 위해, 1990년대 후반부터 FTA를 적극적으로 추진하고 있지.

칠레와의 FTA가 2004년부터 발효된 것을 시작으로 싱가포르, EFTA(유럽자유무역연합 4개국), ASEAN(동남아시아국가연합 10개국), 인도, EU(유럽연합 28개국), 페루, 미국, 호주, 중국, 터키 등 세계 50 개국 이상과 FTA가 발효됐거나 협상이 타결됐단다.

생각하는 불도저
현대그룹 정주영 회장

(970자)

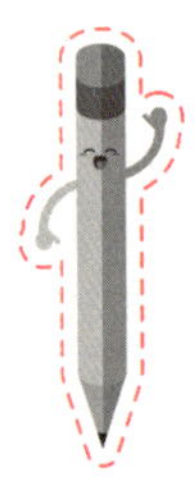

현대그룹 창업주인 고 정주영 회장은 살아 있을 때 '불도저'라고 불렸어요. 일을 할 때 불도저처럼 밀어붙인다고 해서 붙은 별명이지요.

불도저라고 하면 왠지 삼국지에 나오는 장비가 생각나지 않나요? 앞뒤 가리지 않고 오직 목표를 향해 돌진하는 장비의 모습이 불도저와 많이 닮았지요.

하지만 정주영 회장은 약간은 다른 불도저라고 할 수 있어요. '생각하는 불도저'였지요. 왜 생각하는 불도저라고 불렸을까요? 어떤 일을 불도저처럼 밀어붙이기 전에 누구보다도 철저히 분석하고 생각하고 또 계산했기 때문이지요.

서산 간척지 개발 당시의 일화가 잘 말해줍니다. 1980년에 서산 앞바다를 흙을 메워 땅으로 만드는 간척지 사업을 진행했어요. 하지만 쉽지가 않았답니다. 조수간만의 차이(밀물과 썰물의 높이 차이)가 커서 20만 톤 이상의 돌이 필요한 상황이었지요.

다들 어떻게 해야 하나 전전긍긍할 때, 정주영 회장은 '돌이 왜 필요해? 폐유조선 1척만 있으면 충분한데?'라면서 공사를 밀어붙였답니다.

다들 '말도 안 된다'라고 손사래를 쳤어요. 필요한 건 폐유조선이 아니라 20만 톤 이상의 돌이라는 이유였지요.

하지만 정주영 회장은 불도저라는 별명에 맞게 자신의 의견을 밀어붙였답니다. 그래서 어떻게 됐냐고요?

결과부터 말하면요. 예정된 기간보다 35개월이나 빨리 공사를 마무리했고, 공사비도 280억 원이나 절약했답니다.

간척지 공사에 돌이 왜 필요했을까요? 밀물과 썰물의 빠른 물살을 줄여야 했기 때문이에요. 하지만 정주영 회장은 돌이 없어도 폐유조선을 침몰시키면 물살을 줄일 수 있다고 생각했어요. 폐유조선이 댐과 같은 역할을 해서 물살의 세기를 줄일 수 있다고 철저히 분석해서 계산한 것이지요.

정주영 회장은 '안 되는 이유'를 찾기보다는 '되는 이유'를 찾으려고 노력했지요. 그리고 되는 이유를 찾았으면 불도저처럼 밀어붙였습니다.

어때요? '생각하는 불도저'라는 별명이 괜히 나온 것이 아니지요?

제습기는 5년 전
○○○○ 힘든 상품이었다?

(1,100자)

다음 중 여름철, 특히 게릴라성 집중호우와 후덥지근한 날씨가 계속 될 때 가장 필요한 전자기기는 무엇일까요?

1. 에어컨

2. 선풍기

3. 냉장고

4. 제습기

여러분은 어떤 답을 선택하셨나요?

정답은 바로 4번 제습기랍니다. 제습기는 습도를 낮추기 위해 사용하지요.

여름철 습기가 많으면 어떤 문제가 발생하나요?

우선 벽지에는 곰팡이가 짜잔 하고 나타날 거예요. '곰팡이쯤이야' 하고 무시한다고요? 큰일 날 소리! 여름철 곰팡이는 각종 질병의 원인이 된답니다.

또한 습기가 많으면 가뜩이나 더운 여름날이 불쾌지수가 높아져 더욱 힘들어지지요. 불쾌지수는 '날씨에 따라 사람이 느끼는 불쾌감의 정도를 기온과 습도를 조합하여 나타내는 수치'입니다. 불쾌지수가 높다는 것은 그만큼 덥고 힘들어서 만사가 귀찮고 짜증 난다는 의미이지요.

지금이야 제습기가 여름 필수품이지만, 불과 몇 년 전만 해도 그렇지 않았답니다. 우리나라는 봄 → 여름 → 가을 → 겨울의 사계절이 뚜렷한 나라였지만, 어느 순간 여름과 겨울만 있는 것 같은 2계절로 바뀌게 되었지요. 지구온난화로 인해 아열대기후로 바뀌어가는 것입니다.

아열대기후는 '월평균 기온이 10도 이상인 달이 8개월 이상이고,

가장 추운 계절의 평균기온이 영하 3~18도인 지역'을 의미하지요. 즉 게릴라성 집중호우와 후덥지근한 날씨가 계속되는 여름과 살을 에는 듯한 추위가 있는 겨울이 지속되는 것이지요.

사계절이 뚜렷했을 때는 제습기가 그다지 필요 없었어요. 여름이 그렇게 길지 않았기 때문이죠. 2009년에는 제습기 판매량이 4만 대에 불과했지요.

하지만 여름과 겨울만 있는 아열대기후로 바뀌면서 제습기는 필수품이 되기 시작했죠. 2010년 8만 대, 2011년 25만 대, 2012년 50만 대, 2013년130만 대, 2014년은 250만 대를 팔았다고 하지요. 불과 5년 만에 60배가 넘게 팔린 것이지요. 대단하지 않나요?

이제 '제습기는 5년 전 ○○○○ 힘든 상품이었다?'에 대한 답을 알려줄 차례네요.

정답은 '찾아보기'입니다. 불과 5년 전만 해도 매장에서 찾아보기 힘들었던 제습기가 날씨가 바뀌니깐 에어컨과 선풍기를 제치고 여름철 1등 전자제품이 될 줄 누가 알았겠어요?

쉽고 빠르게 돈 빌리라는
대부업체 광고, 어떻게 생각해야 할까?

(2,200자)

쉽고 빠르게! 단박 대출!

전화 한 통이면 그 자리에서 300만 원까지 바로 입금!

텔레비전을 보다 보면 이렇게 돈 빌리라는 대부업체 광고를 너무나 쉽게 볼 수 있어요. 한 통계에 따르면 이런 대부업체 광고가 하루에도 1,300번이나 방송에 노출된다고 해요. 'ㅇㅇ머니~ ㅇㅇ머니!' 'ㅇㅇㅇ캐시!' 등등 대부업체 광고에 삽입된 CM송(광고에 삽입된 노래)

이 이제는 아주 익숙해질 정도가 됐어요. 따라 불러도 전혀 어색하지 않을 정도로 친숙해진 거죠.

대부업체는 왜 이렇게 텔레비전 광고까지 하면서 돈을 빌려준다고 할까요? 자선사업가도 아닌데 말이죠.

그 이유는 바로 이자율에 있답니다. 현행법상 대부업체는 연 최고 34.9퍼센트까지 이자를 받을 수 있어요. 만약 100만 원을 1년 동안 빌린다면 34만9,000원의 이자를 내야 하는 거죠. 하지만 동일한 금액을 1년 동안 은행에서 빌리면 5만 원 정도의 이자만 내면 됩니다. 대부업체보다는 은행을 이용해 돈을 빌리는 것이 약 30만 원 정도의 이자를 아낄 수 있네요.

그렇다면 사람들은 은행에서 돈을 빌리면 되지, 왜 그 비싼 이자를 내고 대부업체에서 돈을 빌려야 할까요?

그 이유는 바로 개인별 신용등급에 있습니다. 우리나라는 개인의 신용등급을 1등급에서 10등급까지로 분류해놓습니다. 개인의 소득, 재산, 금융거래 실적, 대출 실적, 상환 경력, 연체 기록 등을 종합해서 평가한 등급입니다.

1등급~4등급은 '우량', 5등급~6등급은 '일반', 7~8등급은 '주의', 9~10등급은 '위험'이라고 말할 수 있지요.

7등급 이하는 은행에서 필요한 돈을 대출받거나 신용카드를 만들 때 제약이 따릅니다. 주로 옛날에 돈을 빌렸거나 신용카드를 사용했는데 약속한 날짜를 넘겨서 갚거나(이를 연체하고 표현한답니다), 또는 아예 돈을 갚지 못한 경우 개인 신용등급이 7등급 이하로 떨어지게 되지요.

신용이 안 좋기 때문에 보통 ○○은행과 같은 제1금융권에서는 대출을 해주지 않아요. 그래서 돈이 급하게 필요한 경우에 울며 겨자 먹기로 금융기관이 아닌 대부업체를 이용하는 겁니다. 똑똑한 우리 친구들은 이런 질문도 할 수 있을 거예요.

"대부업체 이자율이 아무리 높아도 내가 필요할 때 갚을 수 있을 만큼 빌려서 쓰면 좋지 않나요? 요즘에는 30일 무이자라고 하던데?"

맞아요, 살다 보면 급하게 돈이 필요할 때가 있어요. 그때마다 친구나 지인에게 돈을 빌려달라고 부탁하기도 쉽지 않습니다. 그럴 때 대부업체를 통해 필요한 만큼 빌렸다가 다시 갚으면 문제없지 않나 하는 생각도 들 수 있지요.

하지만 이런 생각은 지극히 위험할 수 있어요. 돈을 빌리는 것은 쉽지만 갚기는 어렵기 때문이지요.

대학생들의 사례를 보면 '아, 그렇구나' 할 거예요. 대학생들은 소득이 없거나 취직이 잘되지 않는 문제 때문에 높은 신용등급을 요구하는 은행 돈을 빌려 쓰기가 쉽지 않답니다. 따라서 연 30퍼센트대 금리로 대부업체나 저축은행 같은 곳에서 돈을 빌리게 되지요.

100만 원을 1년 동안 34.9퍼센트의 이자율로 빌리면 1년 동안 34만9,000원의 이자를 내야 하지만, 12개월로 나누면 1달에 2만9,000원 정도만 내면 돼요.

'1달에 이자 2만~3만 원만 갚으면 된다'는 생각에 돈을 빌렸지만 정작 갚을 방법이 없다 보니, 또다시 다른 곳에서 대출을 받아 갚는 악순환이 생기게 되고, 그러다 결국에는 눈덩이처럼 불어난 이자에 신용불량자가 되고 말아요.

신용불량자가 되면 신용카드는 당연히 쓸 수 없고 더 이상 돈을 빌릴 수 없어요. 그뿐인가요? 대부업체에서 빚을 갚으라는 독촉 전화와 편지에 시달리게 되고, 그래도 갚지 않으면 월급을 압류(월급을 받기 전 일정 금액을 대부업자들이 먼저 가져가는 것)당하거나, 심할 경우에는 차압이 들어오기도 한답니다.

차압은 말이죠. 민사 소송법에서 집행 기관에 의하여 채무자의 특정 재산에 대한 처분이 제한되는 강제 집행을 말합니다. 말이 어렵나요?

간혹 텔레비전 드라마를 보면 사람들이 냉장고며 텔레비전, 세탁기, 옷장 등등 집 안 곳곳에 빨간딱지를 붙이는 장면을 볼 수 있죠? 바로 차압이 진행되는 장면이랍니다. 더 이상 빚을 갚을 수가 없으니 돈 대신 집에 있는 가재도구도 가져가는 거지요.

자. 여러분은 어떤 미래를 선택하고 싶어요? 신용관리를 잘해서 은행에서 낮은 이자율로 돈을 빌릴 수 있는 사람? 아니면 신용이 안 좋아서 비싼 이자를 내면서 대부업체에서 돈을 빌려야 하는 사람?

신용이 좋은 사람이 되려면 어떻게 해야 할까요? 그렇죠! 가까운 사람과 한 약속을 더 잘 지키고 신뢰를 쌓아가는 습관을 꼭 가지도록 하세요.

신용등급이 뭘까?

텔레비전 뉴스를 보면 우리나라 국가신용등급에 관한 이야기를 들을 수 있습니다. 얼마 전 뉴스를 보니 국제신용평가사 무디스(Moody's)가 한국의 국가신용등급을 Aa3(안정적)로, 피치(Fitch)는 AA−(안정적)로, 스탠더드앤드푸어스(S&P)는 A+(긍정적)로 부여했다'라고 하더군요.

국가신용등급은 말 그대로 한 국가의 신용을 평가하는 잣대입니다. 한 국가의 신용등급이 좋으면 여러 가지 혜택이 따라옵니다. 예컨대 외국에서 돈을 빌릴 때 이자율이 낮아지는 것이죠. 하지만 그 반대의 경우는 돈을 빌리기도 어려워질 뿐 아니라 어렵게 돈을 빌려도 높은 이자를 내야 합니다.

실제로도 기획재정부에 따르면 국가 신용등급이 하나 오르면 정부의 연간 이자비용이 4억 달러(한국 돈으로 4000억 원)쯤 줄어든다고 합니다. 왜 그럴까요?

신용은 '믿을 신(信)'과 '쓸 용(用)'을 써서 '믿고 쓰다'라는 뜻으로 해석할 수 있습니다. '상대방을 얼마나 믿을 수 있느냐' 하는 정도를 말합니다. 내가 약속을 얼마나 잘 지킬 수 있는 사람인지 다른 사람들이 평가하는 것이죠.

특히 경제학에서의 신용은 돈과 관련된 약속을 말합니다. 즉 '신용이 좋으면 내가 빌려준 돈을 다시 돌려받을 가능성이 높다'로, 하지만 '신용이 나쁘면 내가 빌려준 돈을 돌려받을 가능성은 줄어든다'로 요약할 수 있습니다. 신용이 안 좋은 경우는 위험부담이 커지니 더 많은 이자를 받아야 하는 것이죠.

신용등급은 국가뿐 아니라 개인에게도 적용됩니다. 우리나라는 개인의 신용등급을 1등급에서 10등급까지로 분류해놓습니다. 개인의 소득, 재산, 금융거래 실적, 대출 실적, 상환 경력, 연체 기록 등을 종합해서 평가한 등급입니다.

1등급~4등급은 '우량', 5등급~6등급은 '일반', 7~8등급은 '주의', 9~10등급은 '위험'이라고 말할 수 있지요.

7등급 이하는 은행에서 필요한 돈을 대출받거나 신용카드를 만들 때 제약이 따릅니다. 주로 옛날에 돈을 빌렸거나 신용카드를 사용했는데 약속한 날짜를 넘겨서 갚거나(이를 연체하고 표현한답니다), 또는 아예 돈을 갚지 못한 경우에 개인 신용등급이 7등급 이하로 떨어지게 되지요.

신용카드를 통해 '신용'의 의미와 역할을 좀 더 쉽게 알 수 있습니다. 슈퍼마켓에서 신용카드로 물건을 구입했습니다. 하지만 이건 슈퍼마켓에서 외상으로 물건을 판매한 겁니다. 신용카드 회사가 2~3일 이후에 슈퍼마켓에 대금을 지급하기 때문이죠. 카드를 사용한 고객은 30~45일 후 카드사에 자신이 사용한 만큼의 신용카드 사용액을 납부하게 됩니다. 서로 믿음이 없다면 이런 방식으로 신용카드를 사용할 수가 없겠지요.

마지막으로 〈양치기 소년〉 동화를 한번 떠올려보겠습니다. 양치기 소년은 심심한 나머지 '늑대가 나타났다'라고 거짓말을 하죠. 하지만 진짜 늑대가 나타났을 때는 어떠했나요? 사람들은 이번에도 거짓말이라고 생각해서 도와주지 않았어요.

여러분은 친구, 부모님, 선생님 같은 내 주변 사람들에게 신용이 높은 사람인가요? 가까운 사람과 한 약속을 더 잘 지키고 신뢰를 쌓아가는 습관이 신용이 높은 사람으로 성장할 수 있는 기본이라는 점 명심해주길 바라요.

벼룩에게서 교훈을 얻다!
정주영 현대그룹 명예회장

(1,100자)

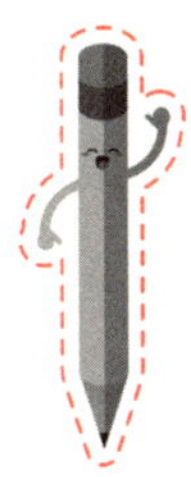

　현대그룹을 창업한 고 정주영 회장은 빈대에게서 '언제나 무슨 일에나 최선의 노력을 쏟아부으면 성공 못 할 일이 없다'라는 교훈을 얻었다고 해요.

　빈대는 '사람을 비롯한 온혈동물(바깥의 온도 변화에 관계없이 항상 일정하게 따뜻한 체온을 유지하는 동물)의 피를 빨아 먹는 해충'이지요. '빈대 잡으려다 초가삼간 다 태운다'라는 속담이 있을 정도로 골칫거리였어요. 얼마나 괴로우면 빈대를 잡으려고 집까지 태우겠어요? 그런 빈대에게서 정 회장은 성공DNA를 발견한 것이지요. 정말 대단하지 않나요?

정 회장은 19살 때 인천에서 막노동(이것저것 가리지 않고 닥치는 대로 하는 노동)을 하고 있었어요. 그가 묶었던 노동자 합숙소는 밤이면 빈대가 들끓어 잠을 잘 수 없을 정도였다고 해요. 빈대를 피하기 위해 밥상 위로 올라갔지만 소용없었어요. 밥상다리를 타고 기어 올라와 사람을 물었기 때문이지요.

정 회장은 밥상다리에 물을 담은 그릇을 하나씩 고여놓고 잤어요. 빈대는 밥상다리로 올라오지 못했어요. 물에 빠져 죽었기 때문이지요. 그런데 빈대 없는 편안한 꿈나라는 며칠뿐이었어요. 어느 순간 또다시 빈대가 밥상 위에 나타나더니 정 회장을 괴롭히기 시작한 것이죠.

정 회장은 '이상하다? 빈대가 밥상 위로 올라올 수 없는데?'라고 생각했어요. 밥상다리에 고여놓은 물그릇에 빠져 죽기 때문이죠. 정 회장은 방의 불을 켜고 살펴보다가 놀라운 광경을 목격했어요.

밥상다리의 물그릇 때문에 밥상다리를 타고 올라가는 게 불가능해진 빈대들이 벽을 타고 까맣게 천장으로 올라가고 있었기 때문이죠. 그러고는 천장에서 사람 몸을 향해 툭 툭 떨어지는 것이었어요.

상상만 해도 징그럽죠?

하지만 정 회장은 그 장면을 보고 '하물며 빈대도 목적을 위해 저토록 머리를 쓰고, 저토록 죽을힘을 다해 노력해서 성공하지 않는가? 나는 빈대가 아닌 사람이다. 빈대에게서도 배울 건 배우자'라고 다짐했어요. 무슨 일이든 절대 포기하지 않고 죽을힘을 다해 노력한다면 이루지 못할 일이 없다는 것이지요.

정주영 회장은 벼룩에게서 '포기하지 않는 노력'을 성공DNA로 얻었답니다. 친구들은 벼룩에게 어떤 교훈을 얻었나요?

스캇 보라스가 류현진 연봉의
5퍼센트를 가져가는 이유는?

(1,700자)

스캇 보라스, 미국 메이저리그 야구에 관심이 많은 사람이라면 한 번쯤은 들어봤을 인물이지? 추신수와 류현진 선수의 에이전트로 활동하는 사람이니까.

에이전트는 '연봉 협상이나 광고 계약, 다른 구단으로의 이적 등에 관한 업무를 선수를 대신해서 처리하고 그에 대한 수수료를 받는 법정 대리인'이야. 도우미라고 할 수 있단다. 운동선수가 운동에만 신경 쓸 수 있도록 연봉 협상이나 스케줄 관리, 구단 이적, 광고 유치 등을 도맡아서 챙겨주지.

대신에 운동선수가 받는 연봉의 일부분을 수수료로 가져간단다. 스캇 보라스는 류현진이 받는 연봉에서 5퍼센트를 가져가지. 류현진 선수 연봉이 400만 달러 정도 되니깐, 스캇 보라스는 20만 달러를 받겠구나.

20만 달러는 한국 돈으로 2억 원에 달하는 거액이야. 연봉 말고도 자신이 관리하는 선수의 광고 출연 등으로 발생하는 추가수입의 약 10~20프로에 해당하는 금액을 수수료로 받을 수 있어.

어때? 류현진 선수 같이 유명한 스타급 선수를 보유하는 에이전트의 수입은 상상을 초월하겠지? 스캇 보라수는 2013년 1년 동안 1천 36만 달러, 한국 돈으로 약 136억 원에 달하는 수수료 수입을 올렸다고 해. 그것도 선수들의 광고 출연 등으로 발생하는 추가수입은 제외된 금액이라지.

너도 스캇 보라스 같은 에이전트가 되고 싶다고? 아쉽지만 에이전트라고 모두 큰돈을 버는 것은 아니란다. '누구든지 에이전트에 도전할 순 있지만 아무나 성공할 순 없다'는 말이 있을 정도야. 메이저리그 선수협회(MLPA)에 등록된 전체 에이전트 중 연소득이 0달러인 경우도 많단다.

왜냐고? 에이전트는 고객(선수)을 찾는 일도 어렵고, 고객을 찾더라도 그 선수가 메이저리그에서 큰돈을 벌기 전까지는 아무런 소득 없이 투자만 해야 되기 때문이야. 에이전트는 관리하는 선수들의 야구공, 글로브와 배트 같은 기본적인 야구용품까지도 해결해주어야 한단다.

이 정도까지 읽었으면 똑똑한 친구들은 이런 말이 생각날 거야. '깨진 독에 물 붓기!' 내가 관리하는 선수가 메이저리그에서 유명해진다는 보장도 없는데, 그렇게 될 거라 믿고 시간과 돈을 투자하는 것이 과연 현명한 일일까?

물론이야. 하지만 자신이 관리한 선수가 메이저리그에서 큰돈을 벌게 되면 자신도 보상을 받으니까. 경제적인 어려움을 감수하는 것이야.

경제학 용어로 이런 행위를 '투자'라고 한단다. 투자는 이익을 얻기 위하여 어떤 일이나 사업에 자본을 대거나 시간이나 정성을 쏟는 것을 말한단다.

어때? 에이전트라는 직업과 어울리는 단어지? 스캇 보라스는 좋겠네? 왜? 초보 에이전트처럼 투자를 할 필요가 없으니까?

아니란다. 앞에서 스캇 보라스가 1년에 136억 원을 벌었다고 했지? 하지만 136억 원 전부가 자신의 주머니로 들어가지 않아.

보라스의 성공은 '인력'에서 나온단다. 그 많은 돈을 혼자 힘으로 번 것이 아니야. 보라스는 75명의 직원을 고용하고 있어. 전직 메이저리거 출신 스카우터부터 경제학자와 미국항공우주국(NASA) 출신 전문가가 각종 데이터 분석을 담당하는 것이지. 보라스는 이들이 수집한 정보를 이용해 협상을 승리로 이끈단다.

에이전트는 야구 말고도 영국의 프리미어리그, 독일의 분데스리가, 스페인의 프리메라리가 등 축구에서도 활발하게 활동하고 있단다.

우리나라는 어떠냐고? 아쉽지만 축구만 에이전트가 활동할 수 있어. 하지만 국내 스포츠 산업을 키우기 위해 야구와 농구, 배구 등의 종목에서도 에이전트 활동이 가능하도록 활발한 논의가 진행 중이야.

아빠!
디플레이션이 뭐예요?

(1,300자)

아빠하고 집에서 텔레비전을 보고 있는데, 우리나라가 디플레이션 가능성이 커지고 있다는 소식에 한숨을 쉬시는 거예요.

"갈수록 경기가 어려워지는데, 디플레이션 현상까지 생기면 얼마나 더 어려워질까?"

아빠가 말씀하셨어요. '디플레이션이 뭐길래 아빠가 저렇게 힘들어하지?' 하고 궁금해진 나는 아빠에게 물었어요.

"아빠, 디플레이션이 뭐예요?"

아빠는 저를 보며 이야기하셨죠.

"통화량이 적어서 물가가 떨어지고 돈의 가치가 올라 경제활동이 침체되는 현상이란다."

하지만 전 설명을 듣고도 이해되지 않았어요.

"좀 쉽게 설명해주세요. 너무 어려워요!"

그 말에 머쓱해진 아빠가 말했어요.

"네가 좋아하는 포켓몬 고무딱지 있지?"

"네."

"하나에 얼마지?"

"500원이죠."

"500원 아닌 400원에 사게 되면 100원을 아낄 수 있지? 이것처럼 물건 가격이 싸지는 것을 디플레이션이라고 한단다."

"아빠, 그러면 좋은 거 아니에요? 물건 값이 싸진다는데 뭐가 걱정 이에요?"

"허허, 이 녀석. 싸다고 좋은 것만은 아니야. 할아버지가 저혈압이 시지?"

"네!"

"저혈압이면 기준보다 혈압이 낮은 현상이잖아. 디플레이션과 비숫한 현상이지. 하지만 저혈압이면 두통, 어지러움, 호흡곤란 등의 증세가 올 수 있어서 위험하지. 물가도 마찬가지야. 물가가 낮아지면 어떤 현상이 생길까?"

"안 좋은 거예요? 좋을 것 같은데? 똑같은 돈으로 더 많은 물건을 살 수 있잖아요!"

"그렇게 생각할 수 있지만 말이다. 물가가 계속 내려간다면 사람들은 물건을 더 안 살 거야. 조금만 기다리면 지금보다 더 싼 가격에 물건을 살 수 있다고 생각하지 않을까?"

아빠의 설명을 들으니 '그럴 수도 있겠다'는 생각이 들었죠. 저는 고개를 끄덕였어요. 아빠가 설명을 이었어요.

"물건을 안 사면 어떨까? 기업들은 물건이 팔리지 않으니 창고에 재고만 쌓여가겠지. 물건은 안 팔리고 재고만 늘어나면 기업은 물건을 더 많이 만들까?"

"아니, 물건을 안 만들 것 같아요"

"맞아, 물건을 안 만들면 일하는 직원들도 필요 없겠지? 그럼 직원들은 실업자가 되겠지. 실업자가 늘어나면 월급을 못 받으니 사람들은 허리띠를 졸라매겠지. 돈을 안 쓴다는 뜻이야. 이런 상황이 계속 반복되면 경제는 더 어려워지겠지?"

"아! 무슨 말인지 이해했어요. 그래서 디플레이션 현상이 위험하구나!"

"그렇지. 디플레이션이 생기면 당장 우리 아들부터 위험해!"

"왜요?"

"당장 네 용돈부터 줄일 거야!"

"아빠! 공부 열심히 할게요. 제발 용돈 줄인다는 말은 하지 마세요!"

"너 하는 것 봐서 결정하마. 하하하!"

나는 속으로 생각했어요.

'디플레이션아 제발 오지 마라. 너 오면 내 용돈 줄잖아!'

내년도 최저임금 1만 원,
필요하다 VS 시기상조

(2,100자)

　　요즘 경제 뉴스를 보면 최저임금에 대한 기사가 이슈랍니다. 최저임금은 '국가가 노동자에게 최소한 이 정도 이상의 임금(노동을 제공한 대가를 말합니다)을 주어야 한다'라고 법으로 정한 것입니다. 낮은 월급을 받는 노동자를 보호하기 위해서죠. 이를 어기면 법으로 처벌을 받는답니다.

　　우리나라 최저임금 제도는 1988년에 처음으로 시작됐어요. 1988년의 최저임금은 462.50원이었다고 해요. 하루 8시간 일을 한다고

하면 하루에 4,800원을 벌 수 있었던 겁니다. 하지만 2015년 현재 최저임금은 5,580원입니다. 하루에 8시간 동안 일을 하면 4만4,640 원을 받는 것이죠. 1988년과 비교하면 26년 동안 약 9배가 오른 셈입니다.

노동계에서는 현재 최저임금이 너무 낮다고 주장을 해요. 최저임금을 받고 하루에 8시간씩 일주일간 40시간, 1달을 일하면 116만 6,220원을 받게 됩니다. 하지만 이 돈으로는 1달을 살기가 너무 어렵다는 거예요.

월급을 받아도 국민연금, 건강보험, 고용보험, 산재보험 등 4대 보험료와 세금을 내고나면 실제로 받는 돈은 100만 원이 안 되는데, 이 돈으로 1달 동안 주거비용(집값)과 교통비, 휴대전화 요금, 식비 등을 내면 오히려 마이너스라는 겁니다. 그만큼 물가가 많이 올랐다는 거죠.

그래서 노동계는 내년도 최저임금을 1만894원으로 인상해야 한다고 주장합니다. 지금보다 3배 이상 높은 금액입니다. '최저임금이 오르면 근로자에게 더 많은 소득이 돌아갈 것이고 근로자들은 쓸 돈이 더 생기니 소비가 늘어날 것이다. 그러면 경제상황도 좋아질 것'이라는 거예요.

이미 많은 나라에서 1만 원 이상 최저임금을 받고 있다고 합니다. OECD(경제개발협력기구)가 발표한 2013년 기준 국가별 최저임금에 따르면 룩셈부르크(1만617원), 프랑스(1만518원), 호주(1만321원), 벨기에(9,928원) 등이 대표적이지요.

하지만 최저임금을 줘야 하는 사용자, 즉 기업은 최저임금 1만 원은 시기상조(어떤 일을 실행하기에 아직 때가 이름)라는 입장입니다.

전국경제인연합회와 한국경영자총협회, 중소기업중앙회 등 주요 경제단체는 영세사업자 등 소규모 사업장에 부담이 된다는 등의 이유를 들어 최저임금 대폭인상을 반대하는 대신 90원 정도를 인상하자고 합니다.

정부 통계에 따르면 최저임금 근로자들의 98퍼센트는 300인 이하 중소기업에 근무하고 있는데, 이들 중 87퍼센트가 PC방, 편의점, 음식점, 커피숍 등 영세업체에서 일을 한다고 합니다.

영세라는 의미는 '작고 가늘어 변변하지 못함' 또는 '살림이 보잘것없고 몹시 가난함'이라는 뜻이에요. 삼성이나 현대, SK, 롯데 같은 돈 잘 버는 대기업이 아니라는 거죠.

노동계의 주장대로 최저임금이 1만 원 이상으로 올라가면 이들 영세업체들은 최저임금을 줄 수 없거나 또는 주더라도 지출하는 비용이 많아져서 사업을 포기하게 될 것이고, 이는 근로자들의 일자리 감소로 이어질 수 있다는 것이죠.

최저임금을 두고 노동계와 기업의 의견이 팽팽하게 맞서고 있는데, 여러분은 어떻게 생각해요? 노동계의 말도 맞는 것 같고, 기업의 말도 맞는 것 같죠?

노동계와 기업 모두 최저임금을 올려야 한다는 점에는 뜻을 같이하고 있어요. 다만 인상 금액에 대한 의견이 서로 다를 뿐이죠. 여러분에게 선택하라고 하면 어떻게 할 것 같나요?

여러분도 최저임금을 올려야 한다는 생각은 아마도 같을 겁니다. 하지만 그 방법에 있어서는 서로 다르겠지요.

이번 최저임금 인상안을 놓고 학계(학문 연구 및 저술에 종사하는 전문학자들의 활동 분야)의 의견은 어떤지 궁금하지 않나요? 학계에서도 최저임금 인상은 필요하다는 입장입니다. 다만 노동계에서 요구하는 인상안을 한 번에 반영하기보다는 장기적이고 단계적으로 인상하자고 합니다. PC방, 편의점, 음식점, 커피숍 등 영세자영업자들이 당장 감당하기 어렵다는 게 이유지요. 영세상인들에게 준비할 시간을 충분히 줘야 한다는 겁니다.

내년도 최저임금은 노동자 측과 사용자 측, 공익위원 등 각 9명씩 총 27명으로 구성 된 '최저임금위원회'가 결정합니다. 다음 달부터 논의를 시작해 6월 29일까지 결정하게 됩니다. 이렇게 정해진 최저임금은 내년 1월 1일부터 12월 31일까지 적용됩니다.

올해 최저임금 얼마나 오를까 여러분도 관심 있게 지켜보세요.

아빠!
구제 옷이 뭐예요?

(1,100자)

나른한 일요일 오후, 집에서 게임만 하는 내가 답답해 보이셨는지 아빠가 시장 구경을 가자고 하네요. 나가기 귀찮아서 싫다고 했는데, 아빠가 옷 사준다는 말에 따라나섰지요. 우리 아빠는 웬만해서는 지갑을 열지 않는 짠돌이 아빠라서 사준다고 할 때 가야 합니다. 마음 변하기 전에 말이죠.

아빠랑 지하철을 타고 있는 '동묘시장'이라는 곳에 도착했어요. 어휴 일요일이라 그런지 사람들이 너무 많네요. 수많은 인파에 길을 잃을 까봐 아빠 손을 오랜만에 꼭 잡았어요. 한참을 걸어가니 산더미처럼 옷이 쌓여 있는 좌판이 나오네요? 아빠 말로는 구제 옷을 판다고 해요. 구제 옷이 뭐지?

"구제 옷은 말이야, 우리나라가 가난했던 시절에는 입을 옷도 변변치 않았지. 그때 부자 나라에서 헌 옷을 보내주었는데, 그것을 구제 옷이라고 했단다. 구제라는 뜻이 뭔지는 알지? 구제는 '자연적인 재해나 사회적인 피해를 당하여 어려운 처지에 있는 사람을 도와준다'라는 뜻이잖아? 가난한 우리나라를 돕기 위해 보내준 옷이니 구제 옷 불렀던 거야. 하지만 지금은 사람들이 쓸모없어 버리는 헌 옷을 구제 옷이라고 한단다. 아빠가 네 옷 사준다고 했지? 여기서 맘에 드는 옷이 있는지 찾아보자!"

저는 아빠 말이 탐탁지 않았어요. 사람들이 쓸모없이 버렸던 헌 옷을 고르라고 했으니까요.

"새 옷도 아니고 헌 옷을 사라고요? 싫어, 싫단 말이에요!"

저는 짜증을 냈지만. 아빠가 가리키는 가격표를 보고는 조용해질 수밖에 없었어요. '옷 하나당 무조건 1,000원'이라고 적혀 있었기 때문이지요. 제 일주일 용돈으로도 옷 한 벌을 살 수 있다는 사실에 너무나 놀랐어요. 하지만 아무리 가격이 싸도 남이 입었던 옷이라는 생각이 들어서 꺼림칙했어요.

그때 아빠가 제가 사고 싶어 했던 만화 캐릭터가 그려진 파란색 티셔츠를 보여줬어요. 새 옷은 3만 원이나 돼서 살 생각도 못 했는데, 여기서는 1,000원짜리 한 장이면 살 수 있다니! 헌 옷치고는 상태도 좋아 보였어요. 깨끗하게 세탁해서 입으면 좋을 것 같아서 아빠한테 사달라고 했어요. 아빠는 기특해하며 말씀하셨어요.

"누군가에게는 필요 없어서 버려진 옷이지만 이렇게 새로운 주인을 만나니 얼마나 좋으냐?"

주변에서 옷을 고르던 어른들도 '어린 친구가 알뜰하다'며 얼마나 칭찬을 해주시는지 너무 기분이 좋았어요! 친구들한테도 시간 나면 구제 옷 사러 같이 가자고 해야겠어요.

진짜 공신들만 보는 미리 소논문

초판 1쇄 인쇄 2017년 3월 10일
초판 1쇄 발행 2017년 3월 20일

지은이 김범수
발행인 조상현
마케팅 이영재
편집인 봄눈 김사라
디자인 김성엽의 디자인모아

펴낸곳 더디퍼런스
등록번호 제2015-000237호
주소 서울시 마포구 마포대로 127, 304호
문의 02-725-9988
팩스 02-6974-1237
이메일 thedibooks@naver.com
홈페이지 www.thedifference.co.kr

ISBN 979-11-6125-002-1 (13370)